会计学基础综合实验教程

主　编　潘洁玲　黄宜清

人民交通出版社

内 容 提 要

这是一本《会计学基础》课程的辅助教材，是会计学基础的综合实验教程，应该在会计学基础课程授课结束后进行实验，以加深对会计学基本知识、基本技能和技巧的综合理解和掌握，完成从书本理论知识到具体处理实际业务的过渡。内容包括：审核原始凭证，编制（审核）记账凭证，登记日记账、明细账、总账，进行成本计算，编制会计报表等初级会计操作技术，具有系统性强、仿真程度高、易于理解等特点。本教材既可作为本科院校和高职高专学校会计专业、非会计专业学员的会计操作入门教材，也可作为会计上岗培训的教材。

图书在版编目（CIP）数据

会计学基础综合实验教程/潘洁玲，黄宜清主编．北京：人民交通出版社，2008.10

ISBN 978-7-114-07402-8

Ⅰ．会… Ⅱ．①潘…②黄… Ⅲ．会计学－高等学校－教学参考资料 Ⅳ．F230

中国版本图书馆 CIP 数据核字（2008）第 144670 号

Kuaijixue Jichu Zonghe Shiyan Jiaocheng

书　　名：会计学基础综合实验教程
著 作 者：潘洁玲　黄宜清
责任编辑：岳明胜
出版发行：人民交通出版社
地　　址：（100011）北京市朝阳区安定门外外馆斜街 3 号
网　　址：http：//www.ccpress.com.cn
销售电话：（010）59757969，59757973
总 经 销：北京中交盛世书刊有限公司
经　　销：各地新华书店
印　　刷：北京交通印务实业公司
开　　本：787×1092　1/16
印　　张：18
字　　数：416 千
版　　次：2008 年 10 月　第 1 版
印　　次：2008 年 10 月　第 1 次印刷
印　　数：0001～3000 册
书　　号：ISBN 978-7-114-07402-8
定　　价：32.00 元

序

经济越发展,会计越重要。随着经济发展对会计人才的需要呈现出人才多元化、多层次的势态:既需要从事会计理论工作的研究性的人才,也需要从事会计实践工作的应用性人才。相比之下,对应用性会计人才的需要是巨大的。新的社会经济环境对我国会计教育提出了新的目标,应用性会计人才的培养必须与教材建设相适应,只有使用合格的会计教材,才能培养出合格的会计人才,才能推动我国会计教育与时俱进,促进我国企业管理水平的提高。

由广西财经学院会计系教师牵头,与兄弟院校共同编写了这套教材,有《会计学原理》、《中级财务会计》、《财务管理》、《审计》、《成本会计》和《电算会计》等,本书根据新颁布的企业会计准则和财务通则编写,并充分借鉴、吸收有关会计理论和实务的最新研究成果,是一套具有应用性、实践性和可操作性的好教材。它主要是以高等学校高职高专经济类学生为对象,旨在培养其专业知识和职业判断能力,而提高学生的职业判断能力无疑是提高会计工作质量的基础,因此,它的出版发行具有很强的现实意义。

这套教材由会计主干课程构成,为了进一步适应应用性会计人才的培养,这套书还包括了相应的实验课程,我们希望给学习者提供一套相对完整的财经类教材。在课程的内容上,我们注重了科学性和前瞻性,结合了当前经济改革的新问题及财务会计制度的新变化,在编写上,尽可能以通俗易懂的语言深入浅出地介绍深奥的专业知识。

纵观这套教材表现如下特点:

1. 突出可操作性和应用性。在介绍基本理论的同时,注重基本业务过程和具体操作方法,结合地方财经院校教学特点,紧紧围绕培养应用人才目标,强调以应用性学习为主,着重从学生的实际动手能力方面进行知识的介绍和技能的训练,学生通过学习可以很快地掌握知识要领,提高实际应用的能力,从而突出了应用性学习的特点。

2. 内容体系完整、清晰简捷。该套教材独立成册,自成体系,内容全面、完整。每册都以新的准则、制度、基本理论、基本方法、基本技能为依托,理论联系实际,配有大量的案例,并将每章内容以案例导入的形式提出问题,引人入胜,使之更适合高职高专学生的学习。

3. 吸纳最新成果、具有前沿性。教师是知识的直接传导者,在长期从事教学过程中,积累了丰富的教学经验和优秀的本学科研究成果,这些经验和成果极大地优化了教学过程,是提高教学质量的重要保证。本套教材中紧扣教学特点适度融入了教师优秀的、得到公认的研究成果。

4.按照新准则体现时代性。本教材引用了我国最新的《企业会计准则》、《企业财务通则》等相关的法律法规，内容充实、新颖，反映了有关学科的最新动态。新知识体系的构成是一门学科的重要组成部分，知识结构推陈出新是学科发展的一个标志。本套教材结合当前财经发展中的新形势、新问题和新知识，将新知识内容融入教材当中，突出了新时代新知识的特点。

这套教材定位于高等财经教育应用型高职高专的教学。主要作为普通高等财经院校相关课程的选用教材，亦可以作为各层次教育和企业培训教材，也适合广大财经从业人员作为学习参考用书。本套教材各章还有小结，配有复习思考和练习题，以便于教师教学和学生学习。

希望这套教材的出版，能够为会计教育和工作实践，提高学生的职业判断力方面做出应有的贡献。由于编写仓促，加上编写水平所限，书中有不足之处在所难免，恳请广大读者提出宝贵的意见和建议，以日臻完善。

蒙丽珍

2008年8月

前言

随着我国经济的不断发展,人们越来越深刻地认识到经济发展需要的人才是多元化、多层次的,既需要大批优秀的理论型、研究型的人才,也需要大批应用型人才。而会计学科是一门集理论性与技术性为一体的应用型经济管理学科,它不仅有完整的理论体系,而且可操作性极强,活学活用、学以致用、理论联系实际,一直是会计专业教学的指导思想。近年来,会计人才市场已由“卖方市场”转入“买方市场”,用人单位对应聘人员的从业经验要求非常“苛刻”,不再容忍毕业生拿着企业工资完成理论与实践的“磨合期”,而要求毕业生马上适应不同企业的不同业务,投入高节奏、高效率的工作中。基于用人单位的要求,培养会计人才,实践性教学尤为重要。而会计实践性教学的主要方式是会计模拟实验,高校会计模拟实验教学主要通过“仿真性”较强的模拟实验教材进行。

本模拟实验教程是编者十多年会计理论教学和实践经验的总结、归纳和提炼。编者选择某一企业所发生的经济业务作为背景资料,通过设计一套完整的会计核算程序,以训练学生学会如何掌握审核(填制)原始凭证,编制(审核)记账凭证,登记总账、明细账、日记账,错账更正,成本计算,编制会计报表等初级会计操作技术。

本教材的主要特色体现在以下三个方面:

第一、系统性强。本模拟实验教程选择某一真实的食品企业某一基本生产流水线作为主线,提炼、精选出基本的经济业务,选择符合初级会计人才学习的最基本的会计核算程序,对学生的初级会计操作技术进行系统的训练。

第二、仿真性强。以完全仿真的原始凭证、记账凭证、账簿及会计报表再现真实的企业会计实践情景,缩小了校内会计实验和会计实际工作的差距,很大程度上提高了校内会计模拟实验的效果。

第三、可理解性强。本实验教材所涉及的企业经济业务内容既提供文字描述,又提供相应的原始凭证,极大地方便学生理解和分析经济业务,并运用会计基本方法和技术处理实际经济业务。

本会计模拟实验教程主要针对学生在《基础会计学》课程上完后的实践,主要是配合会计基础教学的需要,进行一些初级的又具有综合性的企业会计业务操作,从而使学生理解、巩固及掌握初级会计专业理论知识,熟练掌握会计核算技能,使其具备初级会计工作经验和能力以及严谨的工作作风和求实精神。

本教程由广西财经学院潘洁玲、黄宜清执笔编写。最后由广西财经学院会计系副主任潘云标审定。由于时间仓促,加之我们水平有限,在编写时难免会有所疏漏,对于教程中欠妥之处敬请读者提出宝贵意见,以便得以迅速修正,谢谢。

编者

2008 年 7 月于南宁

目录

第一章 模拟实验目的、要求及工作步骤

一、实验目的和要求

会计教学有理论性教学和实践性教学，而会计模拟实验则是主要的实践性教学手段，是强化实践环节的一种基本形式，旨在培养会计、金融、外贸、营销等经济专业的学生对会计实务操作的感性认识以及实际动手能力，为毕业后更快更好地适应工作岗位打下良好的基础。

(一)实验目的

本会计模拟实验教材主要针对学生在《基础会计学》课程上完后的实践，主要是配合会计基础教学的需要，进行一些初级的又具有综合性的企业会计业务操作，从而使学生理解、巩固及掌握初级会计专业理论知识，熟练掌握会计核算技能，使其具备初级会计工作经验和能力以及严谨的工作作风和求实精神。具体的实验目的如下：

1. 模拟填制和审核会计凭证的目的

了解会计工作中常用的原始凭证格式、内容及用途，学生在学会识别、分析和审核原始凭证的基础上，掌握编制会计凭证的要领。

2. 模拟设置和登记账簿的目的

通过对总账、日记账、明细账的设置与登记，使学生进一步掌握账簿体系的构成、账簿的种类、用途以及各类账页格式的登记要求，同时对账簿之间的勾稽关系会有一个全面的认识。

3. 模拟编制会计报表的目的

通过实验使学生初步掌握编制资产负债表和利润表的具体步骤和方法。

(二)实验要求

1. 对教师指导的要求

为了确保会计模拟实验工作的有效进行，确保模拟实验质量，对会计模拟实验指导教师提出以下指导要求：

(1)指导教师在指导实验中应具有“双重”身份，一方面以教师的身份引导学生在会计工作中如何理论与实践相结合，另一方面以会计主管的身份指导会计核算工作。

(2)指导教师应全程跟班，现场指导学生，帮助其理解实验方案和经济业务内容，解决疑难问题，提高学生独立思考问题和解决实际工作问题的能力，充分调动学生实验的积极性，使其进行“真刀真枪”的实干。

(3)指导教师应在实验过程中履行质量监控职责，及时发现问题，督促学生按照实验的规范和要求来进行。

(4)指导教师应在实验结束后给学生做出正确的评价，提出纠偏要求，确保达到实验目的。

2. 对学生实验的要求

首先，学生需以企业会计人员的身份进入实验，把实验视同在企业财务部门上班，在一周的实验时间里，严格遵守劳动纪律，按时上下班；其次，学生应在实验前浏览和预习模拟实验资料，如了解模拟实验单位的基本情况以及会计核算要求并准备好实验所需工具；再次，"会计工作"正式开始后必须仔细阅读模拟材料，认真判断模拟资料中的每一项经济业务，按照《会计法》、《企业会计准则》以及《会计基础工作规范》等会计法律制度的要求建账、记账、结账，正确进行会计核算，编制会计报表。具体要求如下：

(1)填制和审核会计凭证的要求

在编制记账凭证之前，必须认真分析每笔业务所反映的经济内容，识别该项业务应具备哪些原始凭证，哪些原始凭证应填制，哪些原始凭证应审核，对已确认无误的原始凭证，按要求编制记账凭证。

(2)设置和登记账簿的要求

根据已审核并确认无误的会计凭证登记日记账和各种明细账；根据记账凭证编制"科目汇总表"，并据以登记总账；期末，明细账与总账核对后予以结账。

(3)编制会计报表的要求

由于学生已在会计理论性教学中了解了与会计报表相关的基础知识，所以，学生在编制会计报表时可根据前期已完成的账簿资料来编制，而初级会计模拟实验只要求编制资产负债表和利润表。

通过本教材的模拟实验，学生既做会计，又做出纳，在实验中不仅掌握会计核算流程的各个具体操作步骤，同时，学生的信心、细心、恒心和毅力也得到充分的锻炼，进一步加深对会计工作的认识和重视，最终实现实验教学的目标。

二、实验步骤

(一)准备实验工具

会计学基础综合模拟实训教材一套；蓝黑钢笔；红色钢笔；铅笔；回形针(或大头针)；钢尺(或剪刀)；文件夹；装订工具等。

(二)会计模拟实验具体操作步骤

1. 了解模拟实验单位万达食品有限公司的基本概况。如了解企业所属行业，所属纳税人、纳税登记号，企业经营范围，企业开户银行账号以及企业组织机构及人员构成等。

2. 了解会计岗位分工。如了解出纳岗、会计岗以及财务部负责人的岗位分工及具体工作职责范围。

3. 了解万达食品有限公司会计核算要求。如该公司会计核算采用一级核算制，账务处理程序使用科目汇总表账务处理，材料按实际成本计价等要求。

4. 建账

(1)建立总账、明细账、日记账。(提示：将资料提供的各账户期初余额"搬入"总账、明细

账、日记账。)具体操作步骤如下：

①将模拟实习资料提供的10月31日期末余额(11月期初余额)记入总账以及所属各明细账、日记账，以此建立总账、明细账、日记账。

②登记后明细账、日记账与总账进行核对，以确认账账是否相符

(2)对万达食品有限公司11月份发生的经济业务进行会计处理。

要求：

①结账要求：日记账每天结出期末余额；各明细账按月结出期末余额；总账月末登账完毕后结出期末余额；损益类各明细账账户月末计算本期发生额合计数。

②采用阶段性模拟实习方式对发生的经济业务进行会计处理。

第一阶段工作步骤：

第一步骤　根据1—15日企业所发生的经济业务(填制原始凭证或进行原始凭证审核)编制记账凭证，记账凭证经审核无误后按顺序编号(注意：要严格按内部会计控制的操作程序进行，不能先将1—15日的分录做完，再编制记账凭证，应做完一笔分录后，经审核确认无误，再编制记账凭证，然后会计之间、会计与会计主管之间进行交叉审核，然后记账凭证按顺序编号)。

第二步骤　根据1—15日记账凭证按编号逐笔登记明细账、日记账。

第三步骤　对1—15日记账凭证进行"丁"字账汇总，编制"科目汇总表"。

第四步骤　根据1—15日"科目汇总表"登记总账。

第二阶段工作步骤(与第一阶段工作步骤雷同)：

第一步骤　根据16—30日企业所发生的经济业务(填制原始凭证或进行原始凭证审核)编制记账凭证，记账凭证经审核无误后按顺序编号。

第二步骤　根据16—30日记账凭证按编号逐笔登记明细账、日记账。

第三步骤　对16—30日记账凭证进行"丁"字账汇总，编制"科目汇总表"。

第四步骤　根据16—30日"科目汇总表"登记总账。

第三阶段工作步骤：

第一步骤　计算总账各账户期末余额，根据总账编制"总账发生额及余额试算平衡表"。

第二步骤　计算各明细账、日记账账户本期发生额、期末余额。

第三步骤　按规定对账、结账。

第四步骤　根据总账及有关所属明细账余额编制"资产负债表"。

第五步骤　根据损益类账户本期发生额净额编制"利润表"。

5.装订

(1)装订会计凭证。

(2)装订会计报表。

第二章　模拟单位概况

一、模拟单位基本概况

1. 单位名称：万达食品有限公司

2. 所属行业：制造业、加工业

3. 单位地址：科园路 36 号

4. 法人代表：石万

5. 开户银行：中国建设银行南宁科园支行　账号：3378239980

6. 企业纳税人登记号：790005801278765

7. 企业注册资金：人民币八百万元

8. 经营范围：生产和销售夹心饼、蛋卷

主营产品：花生夹心饼、奶油蛋卷（产品 2006 年度通过国家 QS 食品认证）

9. 注册商标：桂花

10. 公司主要负责人：石万为总经理；邹涛为总经理助理；黎明为主管物流、采购、生产的副总经理；蔡依铃为主管销售副总经理；周洁仑为主管人事、行政的副总经理。

11. 公司仓库保管员：冯龚为材料仓库保管员，牛裙为产成品仓库保管员。

二、模拟企业财务部业务分工及会计核算主要要求

（一）业务分工

1. 会计主管：潘常江

主要工作职责：负责财务部的全面管理工作，有权拒绝违反会计制度和财经纪律的开支，重大问题向公司经理汇报；负责资金筹集及资金使用安排；负责管理财务专用印章、印鉴和有关财务的重要文件；负责复核会计业务及审核银行存款余额调节表；负责编制“试算平衡表”，登记总分类账，组织编制会计报表。

2. 出纳：郭答

主要工作职责：负责办理现金、银行存款收付业务；负责现金、银行存款日记账的登记工作；负责保管单位库存现金，定期盘点库存现金，做到日清月结；保管和签发银行支票；月末与银行对账单核对，编制银行存款余额调节表。

3. 存货及成本会计：蔡铭

主要工作职责：负责审核、复核原始凭证，编制或复核记账凭证；负责原材料、库存商品、生产成本、制造费用、管理费用、待摊费用、财务费用、销售费用、营业成本、所得税等明细账的登记工作；负责管理会计档案；负责编制会计报表。

4. 往来款项及其他业务会计：宋丹

主要工作职责：负责审核、复核原始凭证，编制或复核记账凭证；负责应收账款、其他应收款、固定资产、累计折旧、短期借款、应交税费、应付利息、本年利润、实收资本、资本公积、盈余公积、利润分配、营业收入、投资收益等明细账的登记工作；负责开具增值税专用发票及办理纳税申报业务；负责装订凭证；负责编制会计报表。

(二)公司会计核算主要要求

1. 执行《会计法》、《企业会计准则》、《会计基础工作规范》等会计法律制度，实行公司一级核算制，采用“科目汇总表账务处理程序”进行账务处理。

“科目汇总表账务处理程序”图示：

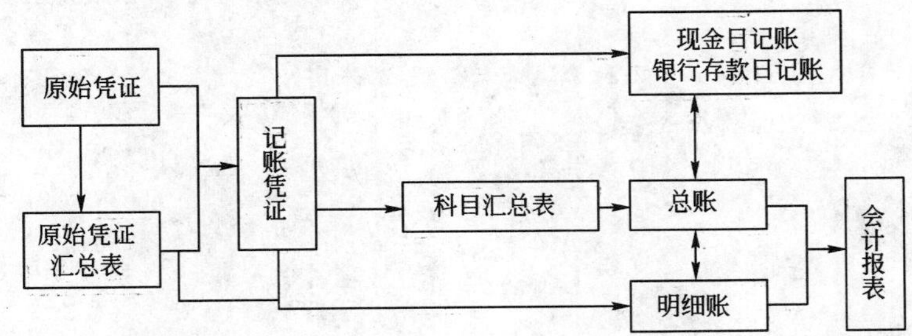

2. 记账方法采用借贷记账法，以人民币作为记账本位币。

3. 记账凭证采用通用记账凭证。

4. 公司为一般纳税人，增值税率为17%，所得税率为25%。

5. 账簿体系由三栏式日记账，三栏式总账，三栏式、数量金额式、多栏式、横线登记式明细账组成。其中，总账采用科目汇总表账务处理程序的方法进行登记，其余日记账及各种明细账均根据会计凭证直接逐笔登记。

第三章　模拟实验操作

一、万达食品有限公司2007年10月31日总账和有关明细账余额

总账科目	明细账科目	借方金额（单位:元）	贷方金额（单位:元）	账页格式	备　注
库存现金		5 000		三栏式日记账	
银行存款		2 467 704		三栏式日记账	
应收账款		2 041 600		三栏式	
	广州市南阳副食品公司	1 437 600		三栏式	
	桂林市副食品公司	604 000		三栏式	
其他应收款		5 000		三栏式	
	销售科李红	5 000		三栏式	
在途材料		15 200		三栏式	
	原材料（香精）	15 200		横线登记式	南方食品厂食用香精380千克@40元
原材料		930 200		三栏式	
	花生仁	200 000		数量金额式	20吨@10 000元
	白砂糖	163 200		数量金额式	24吨@6 800元
	鲜鸡蛋	65 000		数量金额式	10吨@6 500元
	面粉	300 000		数量金额式	100吨@3 000元
	奶油	190 000		数量金额式	9.5吨@20 000元
	食用香精	12 000		数量金额式	300千克@40元
包装物		202 500		三栏式	
	花生饼包装箱	90 000		数量金额式	45 000个@2元
	蛋卷包装箱	112 500		数量金额式	56 250个@2元
待摊费用		30 066		三栏式	
	财产保险费	28 666		三栏式	
	报刊杂志费	1 400		三栏式	
库存商品		464 500		三栏式	

续上表

总账科目	明细账科目	借方金额（单位:元）	贷方金额（单位:元）	账页格式	备　注
	花生夹心饼	228 000		数量金额式	6 000 箱@38 元
	奶油蛋卷	236 500		数量金额式	5 500 箱@43 元
生产成本	基本生产成本	256 830		三栏式	
	花生夹心饼	179 334		多栏式	
	奶油蛋卷	77 496		多栏式	
固定资产		7 500 000		三栏式	
其中	车间用固定资产	6 000 000		三栏式	
	厂部用固定资产	1 500 000		三栏式	
累计折旧			1 820 000	三栏式	
应交税费			65 600	三栏式	
	应交增值税		36 000	多栏式	
	应交所得税		26 000	三栏式	
	应交城建税		2 520	三栏式	
	教育费附加		1 080	三栏式	
短期借款	生产周转借款		500 000	三栏式	
应付账款			850 000	三栏式	
	广西柳州面粉厂		800 000	三栏式	
	本市新华公司		50 000	三栏式	
应付利息	短期借款利息		5 000	三栏式	
实收资本			7 000 000	三栏式	
	国家资本		7 000 000	三栏式	
资本公积			78 000	三栏式	
盈余公积			1 200 000	三栏式	
本年利润			2 200 000	三栏式	
利润分配			200 000	三栏式	
	未分配利润		200 000	三栏式	
合计		13 918 600	13 918 600		

二、万达食品有限公司 2007 年 11 月份发生的经济业务

业务一　2007 年 11 月 1 日提取备用金，签发 3000 元的现金支票一张。记账凭证附件：现金支票存根联。

中国建设银行（桂）

现金支票存根

NO01640536

科　　目__________

对方科目__________

出票日期 **2007. 11.01**

收款人：郭答
金　额：**￥3000.00**
用　途：备用金

单位主管：石万　会计

业务二　2007 年 11 月 1 日收到公司员工刘海交来违章罚款现金 260 元。记账凭证附件：收款收据。

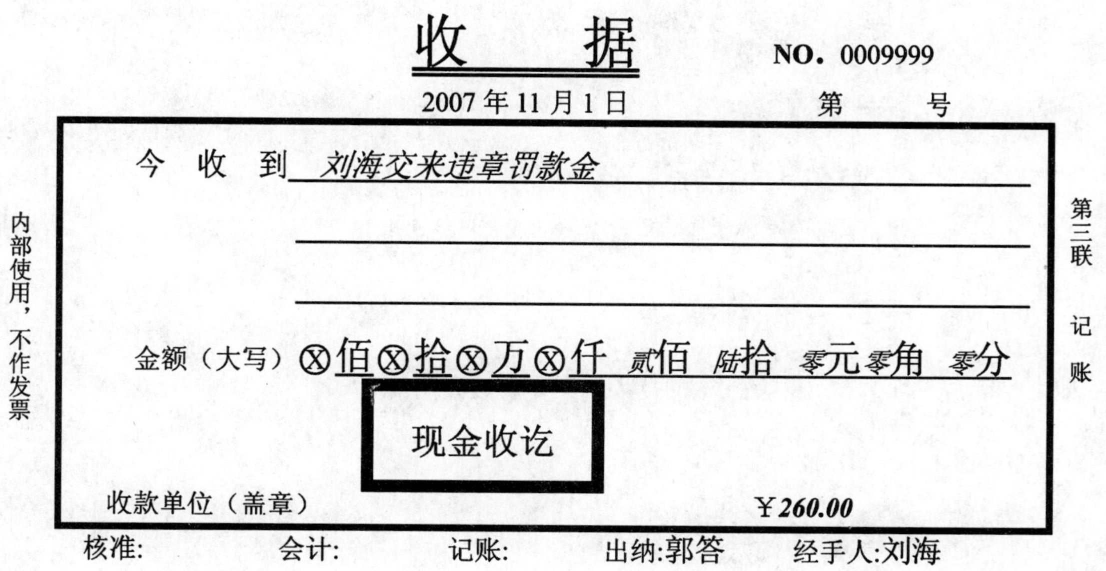

收　据　　**NO. 0009999**

2007 年 11 月 1 日　　第　号

内部使用，不作发票

今　收　到 *刘海交来违章罚款金*

金额（大写）⊗佰⊗拾⊗万⊗仟 贰佰 陆拾 零元零角 零分

现金收讫

收款单位（盖章）　　**￥*260.00***

第三联　记账

核准:　　会计:　　记账:　　出纳:郭答　　经手人:刘海

业务三　2007 年 11 月 2 日从建设银行取得为期 3 个月的短期贷款 400 000 元，年利率 12％。记账凭证附件：银行借款凭证。

中国建设银行借款凭证

银行编号：　　　　　　　　2007 年 11 月 2 日

<table>
<tr><td>贷款单位</td><td>万达食品有限公司</td><td>贷款申请书编号</td><td></td><td>贷款账号</td><td>5489128468</td><td>存款账号</td><td>3378239980</td></tr>
<tr><td>贷款金额</td><td>肆拾万元整</td><td colspan="2">百 十 万 千 百 十 元 角 分
¥ 4 0 0 0 0 0 0 0</td><td>还款日期</td><td colspan="3">2008 年 2 月 2 日</td></tr>
<tr><td rowspan="2">银行核定金额</td><td rowspan="2">（大写）肆拾万元整</td><td colspan="2">银行核定还款日期</td><td colspan="4">2008 年 2 月 2 日</td></tr>
<tr><td colspan="2">银行实际放出日期</td><td colspan="4">2007 年 11 月 2 日</td></tr>
<tr><td colspan="3">兹向你行贷到上列贷款，到期时请凭此借据从单位存款账号内收回。
此致
中国建设银行　市分行
办事处
贷款单位（章）（预留印鉴）负责人（章）</td><td colspan="5">上项贷款已按银行核定金额发放，并收入你单位账户。
此致
单位
建设银行南宁科园支行
银行签章 2007 年 11 月 2 日
2007.11.02
转讫
（2）</td></tr>
</table>

还款记录	日期	还款金额	未还金额	记账员	复核员	日期	还款金额	未还金额	记账员	复核员

业务四　2007年11月2日采购员刘星因公出差，借差旅费2 000元，出纳签发现金支票。记账凭证附件：现金支票存根、借款单。

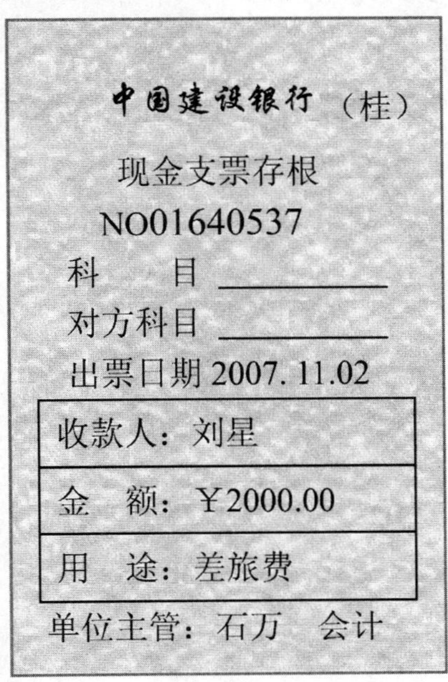

中国建设银行（桂）

现金支票存根

NO01640537

科　　目 ________

对方科目 ________

出票日期 2007. 11.02

收款人：刘星
金　额：￥2000.00
用　途：差旅费

单位主管：石万　会计

借　款　单

<table>
<tr><td colspan="2">借款理由　因采购业务需要到柳州面粉厂出差</td></tr>
<tr><td colspan="2">借款数额（大写）贰仟元整　　　　￥2 000.00
借款人签章 刘星　2007年　11月　1日</td></tr>
<tr><td>单位负责人意见：情况属实,同意借贰仟元整.
黎明
2007年11月1日</td><td>会计主管人员意见：同意.
潘常江
2007年11月1日</td></tr>
</table>

业务五　2007年11月2日签发转账支票一张，金额7 000元，支付南宁市园林局绿化费。记账凭证附件：普通发票、转账支票存根、银行进账单。

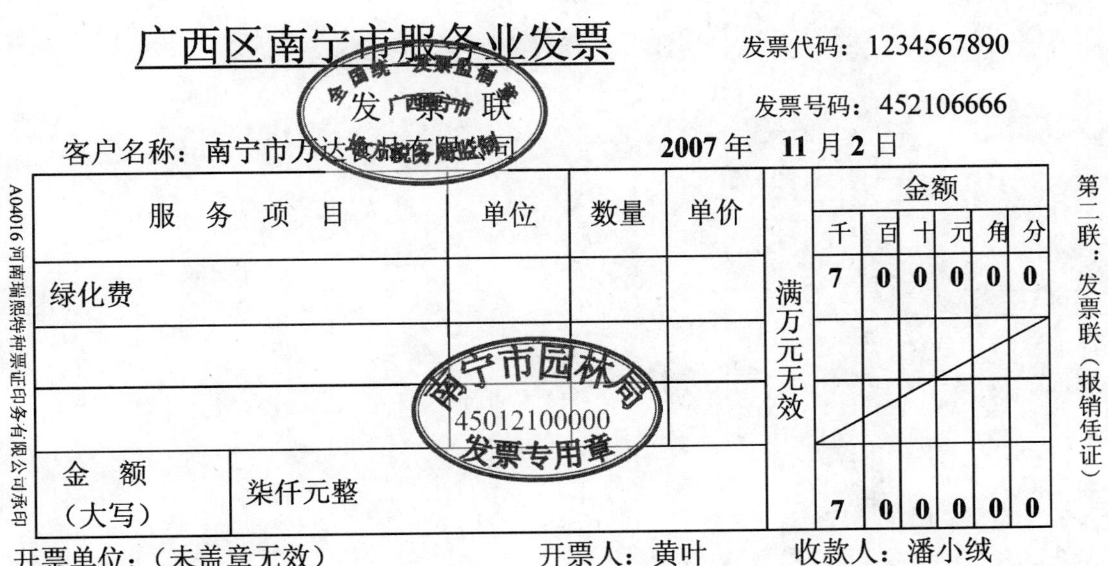

广西区南宁市服务业发票

发　票　联

发票代码：1234567890

发票号码：452106666

客户名称：南宁市万达食品有限公司　　2007年　11月2日

服　务　项　目	单位	数量	单价	满万元无效	金额 千	百	十	元	角	分
绿化费					7	0	0	0	0	0
金　额（大写）	柒仟元整				7	0	0	0	0	0

开票单位：（未盖章无效）　　开票人：黄叶　　收款人：潘小绒

第二联：发票联（报销凭证）

A04016河南瑞熙特种票证印务有限公司承印

南宁市园林局 45012100000 发票专用章

中国建设银行（桂）

转账支票存根

NO01640645

科　　目________

对方科目________

出票日期 2007.11.02

收款人：南宁市园林局
金　额：￥7 000.00
用　途：绿化费

单位主管：石万　会计

中国建设银行进账单（回单）

2007 年 11 月 2 日　　　　第　号

<table>
<tr><td rowspan="3">出票人</td><td>全称</td><td>万达食品有限公司</td><td rowspan="3">收款人</td><td>全称</td><td colspan="9">南宁市园林局</td></tr>
<tr><td>账号</td><td>3378239980</td><td>账号</td><td colspan="9">5498855569</td></tr>
<tr><td>开户行</td><td>中国建设银行南宁科园支行</td><td>开户行</td><td colspan="9">中国建设银行南海支行</td></tr>
<tr><td colspan="2" rowspan="2">人民币（大写）</td><td colspan="3" rowspan="2">柒仟元整</td><td>百</td><td>十</td><td>万</td><td>千</td><td>百</td><td>十</td><td>元</td><td>角</td><td>分</td></tr>
<tr><td></td><td></td><td>¥</td><td>7</td><td>0</td><td>0</td><td>0</td><td>0</td><td>0</td></tr>
<tr><td colspan="2">票据种类</td><td colspan="3">转账支票</td><td colspan="9" rowspan="3">（章）
收款人开户行盖章</td></tr>
<tr><td colspan="2">票据张数</td><td colspan="3">1</td></tr>
<tr><td colspan="5">单位主管　会计　复核　记账</td></tr>
</table>

建设银行南宁科园支行 2007.11.02 转讫 (2)

业务六　2007 年 11 月 2 日向广西柳州面粉厂购进面粉 372 吨，单价 3 000 元。收到建行转来委托付款结算凭证及附件，承付货款、税款及对方代垫的运费 4 600 元，面粉未到。记账凭证附件：建行付款通知单、增值税专用发票、运费发票。

建设银行

BANK OF COMMUNICATIONS 支付系统收付款通知　　№144606712

汇兑凭证（来报）

报文种类：BC CMT100　交易种类：wer　贷记业务种类：普通汇兑　支付交易序号：29429930

发起行行号：01090807　付款人开户行行号：00000129　发报日期：2007-11-02

发起行名称：建设银行科园支行

付款人账号：3378239980

付款人名称：南宁万达食品有限公司

付款人地址：科园路 36 号

接收行名称：柳州建设银行大原支行

收款人账号：381208010019

收款人名称：广西柳州面粉厂

收款人地址：科园路 36 号

货币符号、金额：人民币壹佰叁拾壹万零叁佰贰拾元整

RMB*1,310,320.00

附言：　货

会计分录　借：　　贷：　　金额：*1,310,320.00

借：　　贷：　　金额：

建设银行南宁科园支行 2007.11.02 转讫 (3)

第三联：业务部门留底或客户回单　　复核　　经办

东港安全印刷有限公司印制　交通银行总行监制

广西增值税专用发票

45000012345　　　　　　　　　　　　　　　　№00085019

开票日期：2007年　11月　02日

购货单位	名　　　称：南宁市万达食品有限公司 纳税人识别号：790005801278765 地址、电话：　科园路36号　0771-5882105 开户行及账号：建行科园支行　3378239980	密码区	（省略密文）

货物或应税劳务名称	规格型号	单位	数量	单价	金额	税率	税额
面粉		吨	372.00	3,000.00	1,116,000.00	17%	189,720.00
合计					1,116,000.00		189,720.00
价税合计（大写）	壹佰叁拾万伍仟柒佰贰拾元整				（小写）￥1,305,720.00		

销货单位	名　　　称：广西柳州面粉厂 纳税人识别号：450121168168168 地址、电话：　柳州市高新技术开发区　0772-3838865 开户行及账号：柳州市工行大原分理处 00381208010019	备注

收款人：　　　　复核：苏艺　　　　开票人：李红　　　　销货单位：（章）

第三联：发票联　销货方记帐凭证

铁路运费发票

付款单位或姓名　：广西柳州面粉厂　　2007　年　11月　02　日

原运输票据	2007年11月2日 第　　号		办理种类	
发　站	柳州	到　站	南宁	
车种车号			标　重	
货物名称	件　数	包　装	重　量	计费重量
面粉			372吨	
类　别	费　率	数　量	数　额	附　记
运　费			￥4,600	
装车费				
合　计			￥4,600	
合计（大写）	肆仟陆佰元整			
	收款单位	经办人		

业务七　2007 年 11 月 3 日用现金 700 元购买厂部管理部门所需的办公用品一批。记账凭证附件：现金支出凭单、费用报销单、普通发票、办公用品货物清单及验收单(省略)。

现金支出凭单

顺序　　号

2007 年 11 月 3 日　　　　第　　号

付给　采购部刘星购买厂部管理部门办公用品

科目
方　　　　帐页
帐户

现金付讫

计人民币　(大写)　Ⓧ拾　Ⓧ万　Ⓧ仟　柒佰　零拾　零元　零角　零分
￥700.00

收款人(盖章)　刘星

审批人：　　主管会计：潘常江　　记帐员：　　出纳员：郭答

费用报销单

填报日期：2007 年 11 月 3 日

部门	采购部	姓名	刘星
报销事由	按计划采购厂部管理部门办公用品。附上办公用品货物清单及发票。		
报销单据　**3**　张　合计金额（大写）ⓧ万ⓧ仟　柒佰　零拾　零元　零角　零分　￥700.00			
单位主管		部门主管	黎明

会计主管：　潘常江　　审核：　　出纳：　郭答　　填报人：刘星

广西壮族自治区南宁市货物销售统一发票

全国统一发票监制章 广西南宁市 地方税务局监制 发票联

发票代码：1234545782
发票号码：0012345618

客户名称：南宁市万达食品有限公司　　2007年11月03日

货物名称	规格	单位	数量	单价	满万元无效	金额 千	百	十	元	角	分
办公用品							7	0	0	0	0
(详见清单)											
金额（大写）柒佰元整						¥	7	0	0	0	0

开票单位：（未盖章无效）　开票人：黎明明　收款人：王清玲

南宁市金伦文具有限责任公司 发票专用章

第二联：发票联（报销凭证）

桂A04016广西瑞熙特种票证印务有限公司承印

注：清单（略）

业务八　2007年11月4日签发转账支票一张，金额30 000元，支付广告费。记账凭证附件：普通发票，转账支票存根、银行进账单。

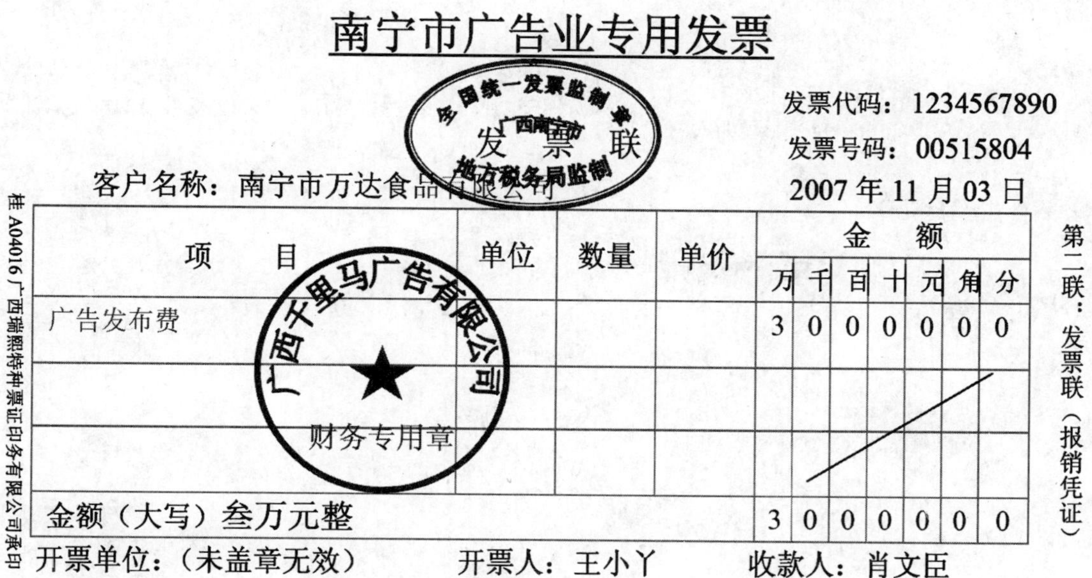

南宁市广告业专用发票

全国统一发票监制章 广西南宁市 地方税务局监制 发票联

发票代码：1234567890
发票号码：00515804

客户名称：南宁市万达食品有限公司　　2007年11月03日

项目	单位	数量	单价	金额 万	千	百	十	元	角	分
广告发布费				3	0	0	0	0	0	0
金额（大写）叁万元整				3	0	0	0	0	0	0

开票单位：（未盖章无效）　开票人：王小丫　收款人：肖文臣

广西千里马广告有限公司 财务专用章

第二联：发票联（报销凭证）

桂A04016广西瑞熙特种票证印务有限公司承印

中国建设银行（桂）

转账支票存根

NO01640646

科　　目＿＿＿＿＿＿

对方科目＿＿＿＿＿＿

出票日期 2007.11.04

收款人：千里马广告有限公司
金　额：￥30 000.00
用　途：广告费

单位主管：石万　会计

中国建设银行进账单（回单）

2007 年 11 月 4 日　　　　第　　号

出票人	全称	万达食品有限公司			收款人	全称	广西千里马广告有限公司								
	账号	3378239980				账号	5498856625								
	开户行	中国建设银行南宁科园支行				开户行	中国建设银行民族大道支行								
人民币（大写）		叁万元整					百	十	万	千	百	十	元	角	分
								￥	3	0	0	0	0	0	0
票据种类		转账支票				建设银行南宁科园支行 2007.11.04 转讫 (2)									
票据张数		1				（章）									
单位主管　会计　复核　记账						收款人开户行盖章									

业务九　2007 年 11 月 5 日以现金支付公司职员佳明的住院治疗费 2 000 元。记账凭证附件：现金支出凭单，医院门诊收据。

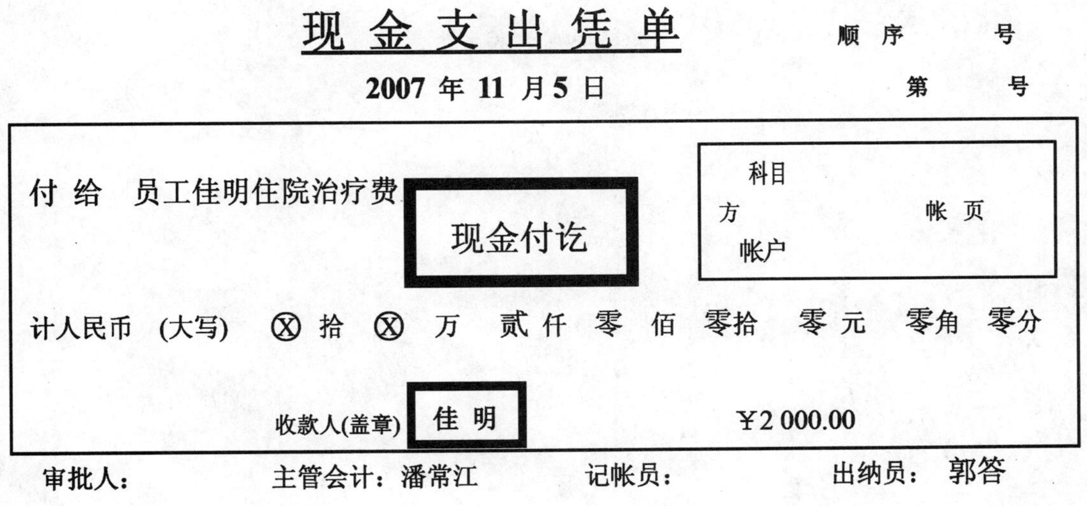

现金支出凭单　　顺序　　号

2007 年 11 月 5 日　　第　　号

付给　员工佳明住院治疗费　现金付讫

科目
方　　帐页
帐户

计人民币　(大写)　ⓧ拾　ⓧ万　贰仟　零佰　零拾　零元　零角　零分

收款人(盖章)　佳明　　¥2 000.00

审批人：　　主管会计：潘常江　　记帐员：　　出纳员：郭答

广西壮族自治区医疗医院统一门诊收费收据

收据专用章

姓名：佳明　　日期:2007 年 11 月 1 日　　桂 O(07)No03234218

收费项目	金额	收费项目	金额
西药费	230.00		
中药费	420.00		
住院费	1350.00		
金额（大写）贰仟元整			

广西医科大学第一附属医院 门诊收费专用章

开票单位：（未盖章无效）　　开票人：李雪莲　　收款人：尹媛媛

桂 A04016 广西瑞熙特种票证印务有限公司承印

第一联：报销联（报销凭证）

业务十　2007 年 11 月 6 日向永红农场购进鲜鸡蛋 15 吨，每吨 7 000 元，鲜鸡蛋已由农场送货车送达本厂，验收入库，开出转账支票将货款付讫。记账凭证附件：普通发票，转账支票存根，银行进账单，收料单。（提示：企业购入免增值税的农副产品按发票买价 10%计算确定进项税额。）

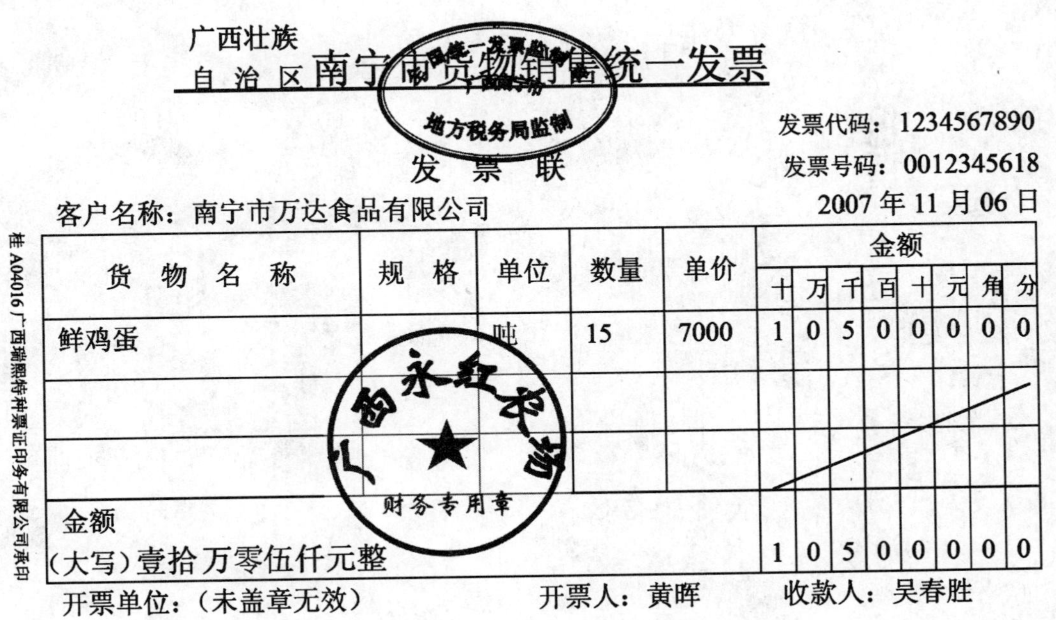

广西壮族自治区南宁市货物销售统一发票

发票联

发票代码：1234567890
发票号码：0012345618

客户名称：南宁市万达食品有限公司　　2007 年 11 月 06 日

货物名称	规格	单位	数量	单价	金额 十	万	千	百	十	元	角	分
鲜鸡蛋		吨	15	7000	1	0	5	0	0	0	0	0
金额（大写）壹拾万零伍仟元整					1	0	5	0	0	0	0	0

开票单位：（未盖章无效）　开票人：黄晖　收款人：吴春胜

桂 A04016 广西瑞熙特种票证印务有限公司承印

第二联：发票联（报销凭证）

中国建设银行（桂）

转账支票存根

NO01640647

科　　目

对方科目

出票日期 07.11.06

收款人：永红农场
金　额：￥105 000.00
用　途：支付货款

单位主管：石万　会计

中国建设银行进账单（回单）

2007年11月6日　　　　第　　号

出票人	全称	万达食品有限公司	收款人	全称	永红农场
	账号	3378239980		账号	58179625215
	开户行	中国建设银行南宁科园支行		开户行	中国建设银行高峰支行

人民币（大写）	壹拾万零伍仟元整	百	十	万	千	百	十	元	角	分
		¥	1	0	5	0	0	0	0	0
票据种类	转账支票									
票据张数	1	（章）								
单位主管　会计　复核　记账		收款人开户行盖章								

建设银行南宁科园支行
2007.11.06
转讫
(2)

材料验收入库单

供应单位：广西永红农场

支票号：01640647　　　　2007年11月6日　　　　字第　　号

材料类别	材料名称	规格材质	计量单位	数量	实收数量	金额：单价	十	万	千	百	十	元	角	分
原材料	鲜鸡蛋		吨	15	15	6 300		9	4	5	0	0	0	0
检验结果		检验员签章：		运杂费										
				合计			1	0	5	0	0	0	0	0
备注：														

仓库主管：李里　　材料会计：宋丹　　收料员：冯龚　　经办人：刘星　　制单：冯龚

业务十一　2007年11月6日向桂林市副食品公司销售花生夹心饼3 000箱，单位售价48元，奶油蛋卷2 000箱，单位售价56元。产品对方已提运，增值税发票已开出，款项尚未收到。记账凭证附件：增值税专用发票、产品出仓单、产品订货单（省略）。

广西增值税专用发票

45000012345　　　　　　　　　　　　　　　　№00085029

（印章：记账联；全国统一发票监制章 广西 国家税务总局监制）

开票日期：2007年　11月　06日

购货单位	名称：桂林市副食品公司 纳税人识别号：790057831278425 地址、电话：桂林市人民路375号 0773-5884764 开户行及账号：建行人民支行 3371245674	密码区	（省略密文）

货物或应税劳务名称	规格型号	单位	数量	单价	金额	税率	税额
花生夹心饼		箱	3,000.00	48.00	144,000.00	17%	24,480.00
奶油蛋卷		箱	2,000.00	56.00	112,000.00	17%	19,040.00
合计					256,000.00		43,520.00
价税合计（大写）	贰拾玖万玖仟伍佰贰拾元整				（小写）￥299,520.00		

销货单位	名称：南宁市万达食品有限公司 纳税人识别号：790005801278765 地址、电话：科园路36号 0771-5882105 开户行及账号：建行科园支行 3378239980	备注	（印章：南宁市万达食品有限公司 790005801278765 发票专用章）

收款人：　　　　复核：蔡铭　　　　开票人：宋丹　　　　销货单位：（章）

第三联：记帐联　销货方记帐凭证

出　仓　单　No002003

购货单位：桂林市副食品公司　　　　　　　　2007年11月06日

产品编号	产品名称	规格	单位	数量	售价	总金额 十	万	千	百	十	元	角	分	产品明细账号	页	说明
	花生夹心饼		箱	3 000	48	1	4	4	0	0	0	0	0			
	奶油蛋卷		箱	2 000	56	1	2	2	0	0	0	0	0			
	合计					2	5	6	0	0	0	0	0			

部门主管：　　会计：蔡铭　　记账：　　保管：牛裙　　提货人　　制单：牛裙

第三联　会计

业务十二　2007年11月7日支付产品展览费10 000元。记账凭证附件：转账支票存根、普通发票、银行进账单。

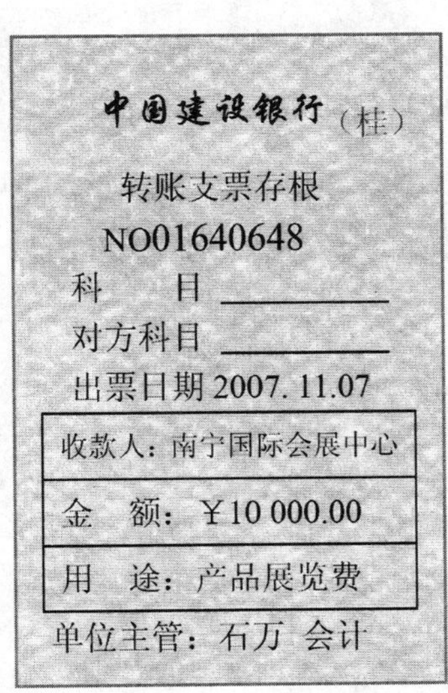

中国建设银行（桂）
转账支票存根
NO01640648
科　　目 __________
对方科目 __________
出票日期 2007.11.07

收款人：南宁国际会展中心
金　额：￥10 000.00
用　途：产品展览费

单位主管：石万　会计

广西壮族自治区 南宁市服务业发票

发票代码：1234567890
发票号码：452106666

发 票 联

客户名称：南宁市万达食品有限公司　　2007年11月7日

服务项目	单位	数量	单价	万	千	百	十	元	角	分
产品展览费				1	0	0	0	0	0	0
金额（大写）	壹万元整			1	0	0	0	0	0	0

开票单位：（未盖章无效）　开票人：彭小兰　收款人：伊方荣

第二联：发票联（报销凭证）

A04016 河南瑞熙特种票证印务有限公司承印

中国建设银行进账单（回单）

2007年11月7日　　　　第　号

出票人	全称	万达食品有限公司	收款人	全称	南宁市国际会展中心
	账号	3378239980		账号	5145862154
	开户行	中国建设银行南宁科园支行		开户行	中国建设银行南宁竹溪支行

人民币（大写）	壹万元整	十	万	千	百	十	元	角	分
		¥	1	0	0	0	0	0	0
票据种类	转账支票								
票据张数	1								
单位主管　会计　复核　记账		收款人开户行盖章（章）							

建设银行南宁科园支行 2007.11.07 转讫 (2)

业务十三　2007年11月8日蔡依铃报销餐费1300元。记账凭证附件：现金支出凭证、餐饮发票、费用报销单。

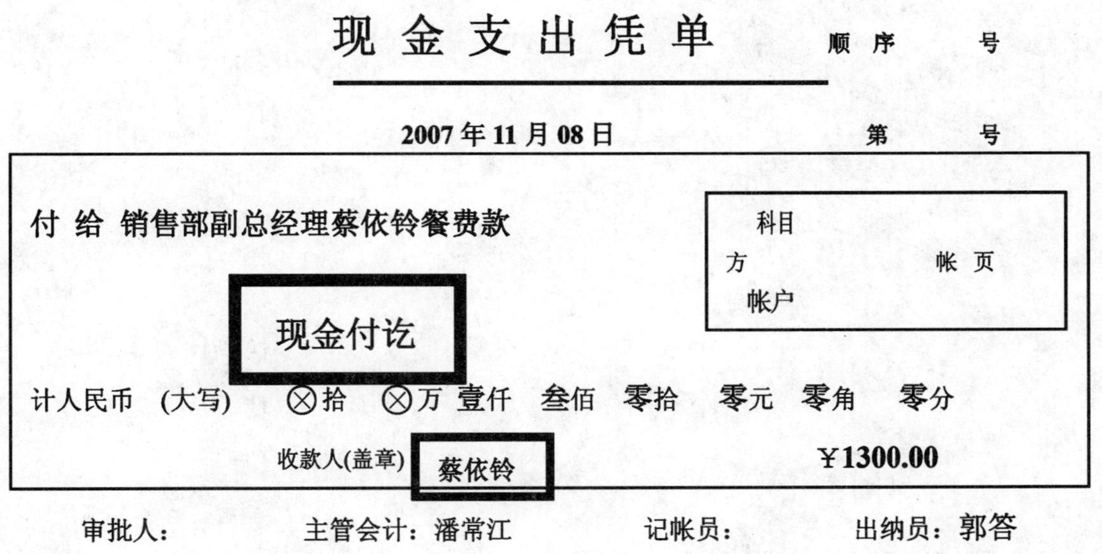

现 金 支 出 凭 单　　顺序　号

2007年11月08日　　　　第　号

付 给 销售部副总经理蔡依铃餐费款

科目
方　　　　帐 页
帐户

现金付讫

计人民币 (大写)　⊗拾　⊗万 壹仟　叁佰　零拾　零元　零角　零分

收款人(盖章) 蔡依铃　　　　¥1300.00

审批人：　　主管会计：潘常江　　记帐员：　　出纳员：郭答

盖章与注册名称不符无效

除顾客[illegible]无效

全国统一发票监制章 广西南宁市 地方税务局监制

桂 A019

No:0123456

顾客名称：南宁市万达食品有限公司

开票日期：2007－11－08

发票号码：450012158

开票单位：南宁市黄家餐饮有限公司

税号：4501123456789

收款机号：

餐饮费：1300.00 元

合计 1300.00 元

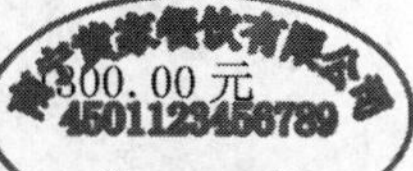

人民币 1300.[illegible]

电话：　　收款员：马英明

开票单位(盖章有效)

费 用 报 销 单

填报日期：2007 年 11 月 8 日

部门	销售部	姓名	蔡依铃
报销事由	销售部副总经理蔡依铃宴请客户。		
报销单据 1 张 合计金额（大写）⊗万壹仟 叁佰 零拾 零元 零角 零分 ￥1 300.00			
单位主管	石万	部门主管	

会计主管：潘常江　　审核：　　出纳：郭答　　填报人：蔡依铃

业务十四　2007年11月8日缴纳上月应交增值税36 000元、城市维护建设税2 520元、教育费附加1 080元、企业所得税26 000元。记账凭证附件:税收缴款书。

中 华 人 民 共 和 国

国

隶属关系:　**税 收 通 用 缴 款 书**　(20042)桂国缴电0039153号

注册类型: *有限责任公司*　填发日期 *2007*年*11*月*08*日　征收机关*高新区分局*

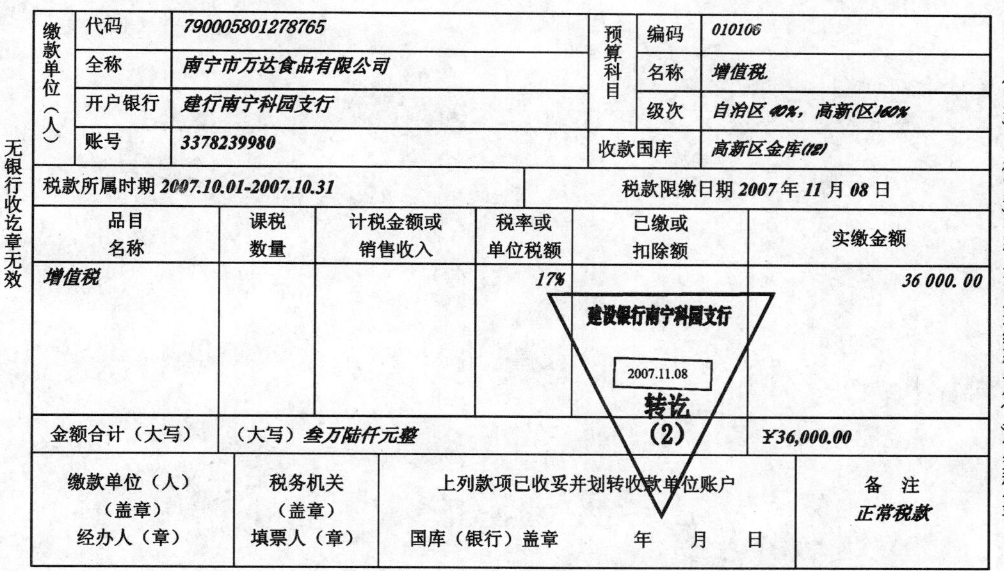

无银行收讫章无效

缴款单位(人)			预算科目		
	代码	*790005801278765*		编码	*010106*
	全称	*南宁市万达食品有限公司*		名称	*增值税*
	开户银行	*建行南宁科园支行*		级次	*自治区40%,高新(区)60%*
	账号	*3378239980*	收款国库		*高新区金库(12)*

税款所属时期 *2007.10.01-2007.10.31*			税款限缴日期 *2007*年*11*月*08*日		
品目名称	课税数量	计税金额或销售收入	税率或单位税额	已缴或扣除额	实缴金额
增值税			*17%*		*36 000.00*
金额合计(大写)	(大写)*叁万陆仟元整*				*¥36,000.00*
缴款单位(人)(盖章)经办人(章)	税务机关(盖章)填票人(章)	上列款项已收妥并划转收款单位账户 国库(银行)盖章 年 月 日			备 注 *正常税款*

建设银行南宁科园支行 2007.11.08 转讫 (2)

逾期不缴按税法规定加收滞纳金

第一联(收据)国库(银行)收款盖章后退缴款单位(人)作完税凭证

中 华 人 民 共 和 国

国

隶属关系:　**税 收 通 用 缴 款 书**　(20042)桂国缴电0039 号

注册类型: *有限责任公司*　填发日期 *2007*年*11*月*08*日　征收机关 *高新区分局*

无银行收讫章无效

缴款单位(人)			预算科目		
	代码	*790005801278765*		编码	*010106*
	全称	*南宁市万达食品有限公司*		名称	*城建税 教育费附加*
	开户银行	*建行南宁科园支行*		级次	*自治区40%,高新(区)60%*
	账号	*3378239980*	收款国库		*高新区金库(12)*

税款所属时期 *2007.10.01-2007.10.31*			税款限缴日期 *2007*年*11*月*08*日		
品目名称	课税数量	计税金额或销售收入	税率或单位税额	已缴或扣除额	实缴金额
城建税		36,000.00	7%		*2 520.00*
教育费附加		36,000.00	3%		*1 080.00*
金额合计(大写)	(大写)*叁仟陆佰元整*				*¥3 600.00*
缴款单位(人)(盖章)经办人(章)	税务机关(盖章)填票人(章)	上列款项已收妥并划转收款单位账户 国库(银行)盖章 年 月 日			备 注 *正常税款*

建设银行南宁科园支行 2007.11.08 转讫 (2)

逾期不缴按税法规定加收滞纳金

第一联(收据)国库(银行)收款盖章后退缴款单位(人)作完税凭证

中华人民共和国

隶属关系：　　**税收通用缴款书**　　（20042）桂国缴电 0039155 号

注册类型：*有限责任公司*　　填发日期　*2007年11月08日*　　征收机关　*高新区分局*

缴款单位（人）	代码	*790005801278765*	预算科目	编码	*840500*
	全称	*南宁市万达食品有限公司*		名称	*企业所得税*
	开户银行	*建行南宁科园支行*		级次	自治区 *30%*，市 *70%*
	账号	*3378239980*	收款国库		*市金库（（03）*

税款所属时期 *2007.10.01-2007.10.31*　　税款限缴日期 *2007年11月08日*

品目名称	课税数量	计税金额或销售收入	税率或单位税额	已缴或扣除额	实缴金额
企业所得税			*25%*		*26,000.00*
金额合计（大写）	（大写）*贰万陆仟元整*				*¥26,000.00*

缴款单位（人）（盖章）经办人（章）	税务机关（盖章）填票人（章）	上列款项已收妥并划转收款单位账户 国库（银行）盖章　年　月　日	备注 *正常税款*

建设银行南宁科园支行　2007.11.08　转讫（2）

逾期不缴按税法规定加收滞纳金

无银行收讫章无效

第一联（收据）国库（银行）收款盖章后退缴款单位（人）作完税凭证

业务十五　2007 年 11 月 8 日收到南方食品厂发来的食用香精 380 公斤，已验收入库。经查该 380 公斤食用香精，已于上月 18 日承付货款。记账凭证附件：材料验收入库单。

材料验收入库单

供应单位：

支票号：　　2007 年 11 月 8 日　　字第　号

材料类别	材料名称	规格材质	计量单位	数量	实收数量	金额 单价	十	万	千	百	十	元	角	分
原材料	食用香精		公斤	380		40		1	5	2	0	0	0	0
检验结果		检验员签章：			运杂费									
					合计		¥	1	5	2	0	0	0	0
备注：														

仓库主管：黎明　　材料会计：蔡铭　　收料员：冯龚　　经办人：刘星　　制单：冯龚

业务十六 2007年11月9日，以现金支付公司违约款300元。记账凭证附件：现金支出凭证、收款收据。

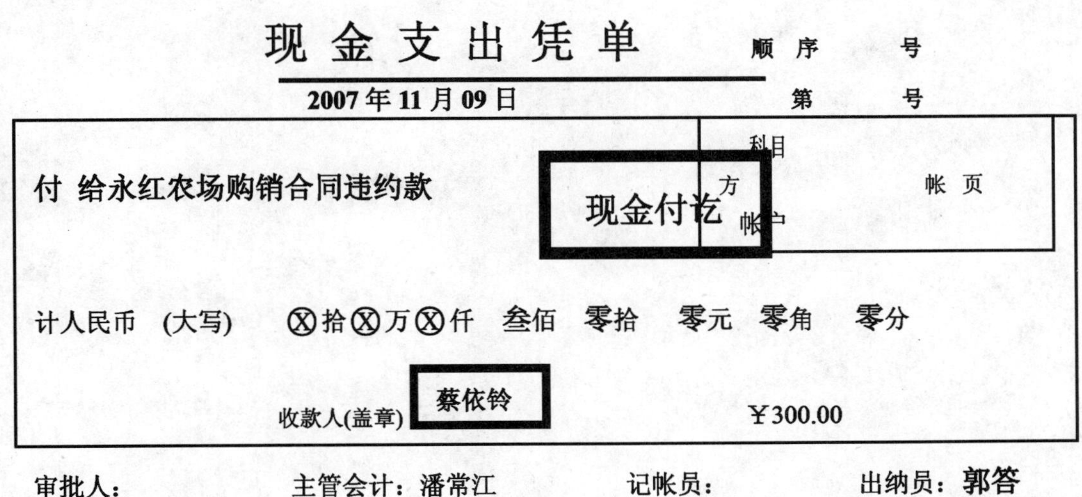

现金支出凭单 顺序 号

2007年11月09日 第 号

付 给永红农场购销合同违约款

现金付讫

科目 方 帐户 帐页

计人民币 (大写) ⓧ拾ⓧ万ⓧ仟 叁佰 零拾 零元 零角 零分

收款人(盖章) 蔡依铃 ￥300.00

审批人： 主管会计：潘常江 记帐员： 出纳员：郭答

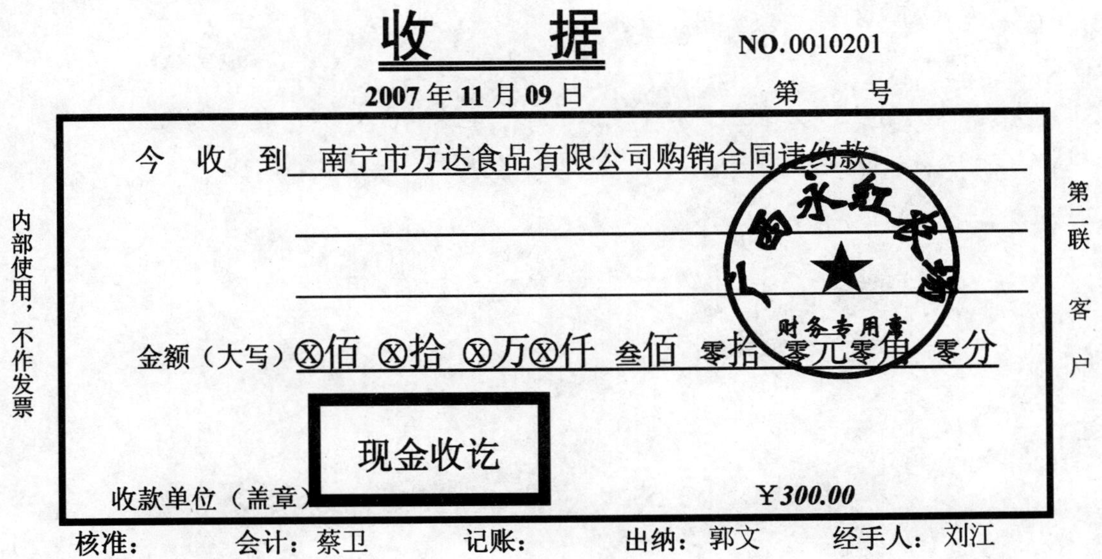

收据 NO.0010201

2007年11月09日 第 号

今 收 到 南宁市万达食品有限公司购销合同违约款

金额（大写）ⓧ佰 ⓧ拾 ⓧ万ⓧ仟 叁佰 零拾 零元零角 零分

现金收讫

收款单位（盖章） ￥300.00

广西永红农场 财务专用章

内部使用，不作发票

第二联 客户

核准： 会计：蔡卫 记账： 出纳：郭文 经手人：刘江

业务十七 2007年11月9日，提取备用金5 000元。记账凭证附件：现金支票存根。

中国建设银行（桂）

现金支票存根

NO01640537

科　　目 ________

对方科目 ________

出票日期 2007. 11.09

收款人：郭答
金　额：￥5000.00
用　途：备用金

单位主管：石万 会计

业务十八 2007年11月10日，总经理助理邹涛报销汽车加油费850元、停车费703元、过路费385元，共1 938元。记账凭证附件：费用报销单、现金支付凭单、加油费、过路费、停车费发票、单据。

费 用 报 销 单

填报日期：2007年11月10日

部门	总经理助理	姓名	邹涛
报销事由	加油费850元，停车费703元，过路费385元。		
报销单据 **3** 张 合计金额（大写）ⓧ万壹仟 玖佰 叁拾 捌元 零角 零分 ￥1938.00			
单位主管	石万	部门主管	

会计主管：潘常江　　审核：　　出纳：郭答　　填报人：邹涛

现金支出凭单

2007年11月10日　　　　顺序　号　第　号

付　给邹涛报销10月份加油、停车、过路费

科目	
方	帐　页
帐户	

现金付讫

计人民币　(大写)　_ⓧ拾ⓧ万壹仟玖佰叁拾捌元零角零分

收款人(盖章)　邹涛　　　　￥1 938.00

审批人：　　主管会计：潘常江　　记帐员：　　出纳员：郭答

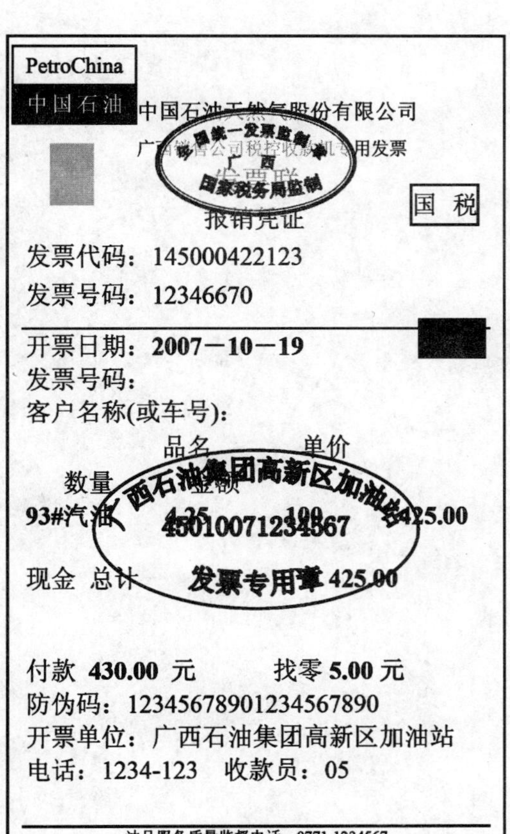

PetroChina
中国石油　中国石油天然气股份有限公司
广西销售公司税控收款机专用发票
发票联
国税
报销凭证
全国统一发票监制章
广西
国家税务局监制
发票代码：145000422123
发票号码：12346670
开票日期：2007—10—19
发票号码：
客户名称(或车号)：
品名　单价　数量　金额
93#汽油　4.25　100　425.00
现金　总计　425.00
广西石油集团高新区加油站
450100712345 67
发票专用章
付款 **430.00** 元　　找零 **5.00** 元
防伪码：12345678901234567890
开票单位：广西石油集团高新区加油站
电话：1234-123　收款员：05
油品服务质量监督电话：0771-1234567
发票监督电话：0771-7654321
发票左上方 G 为多重温变防伪标记，触摸后变红色
注：金额满万元、除客户名称外发票手写均无效

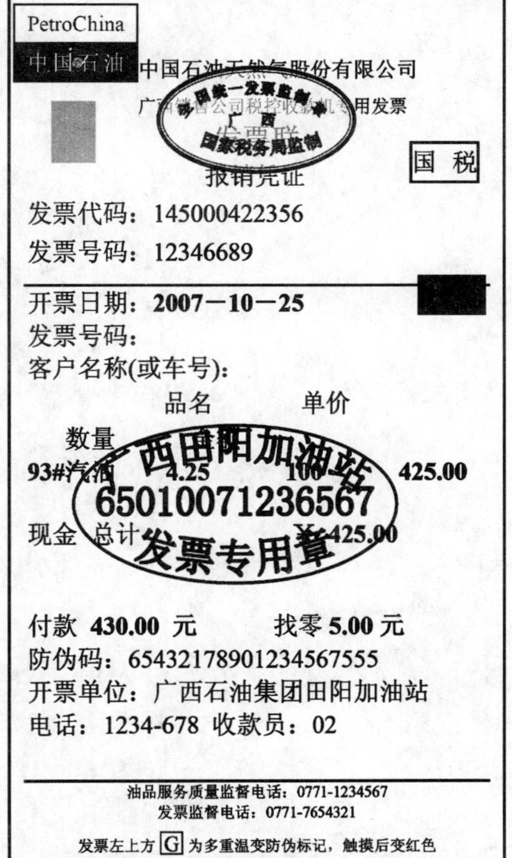

PetroChina
中国石油　中国石油天然气股份有限公司
广西销售公司税控收款机专用发票
发票联
国税
报销凭证
全国统一发票监制章
广西
国家税务局监制
发票代码：145000422356
发票号码：12346689
开票日期：2007—10—25
发票号码：
客户名称(或车号)：
品名　单价　数量　金额
93#汽油　4.25　100　425.00
现金　总计　￥425.00
广西田阳加油站
65010071236567
发票专用章
付款 **430.00** 元　　找零 **5.00** 元
防伪码：65432178901234567555
开票单位：广西石油集团田阳加油站
电话：1234-678　收款员：02
油品服务质量监督电话：0771-1234567
发票监督电话：0771-7654321
发票左上方 G 为多重温变防伪标记，触摸后变红色
注：金额满万元、除客户名称外发票手写均无效

广西壮族自治区车辆通行费

（非定额）收据

（平百二级公路田阳收费站）

（当日当次有效　凭票报销）

站名：田阳　　收费员：李丽真

车型：3　　金额：190.00 元

日期：2007－10－25

时间：10：45

桂 0（04）1623990

广西壮族自治区财政厅印制

广西壮族自治区车辆通行费

（非定额）收据

（平百二级公路田阳收费站）

（当日当次有效　凭票报销）

站名：田阳　　收费员：杨静

车型：3　　金额：195.00 元

日期：2007－10－27

时间：11：10

桂 0（04）1623980

广西壮族自治区财政厅印制

桂 A04016　广西瑞熙特种票证印务有限公司承印

广西壮族自治区　南宁市机动车停车场定额发票

发票联

贰　拾　元

发票代码：245010411371

发票号码：05273566

收款单位（盖章有效）或个人　　　　　年　　月　　日

此联为报销凭据

桂 A04016　广西瑞熙特种票证印务有限公司承印

广西壮族自治区　南宁市机动车停车场定额发票

发票联

贰　拾　元

发票代码：245010411371

发票号码：05276985

收款单位（盖章有效）或个人　　　　　年　　月　　日

此联为报销凭据

桂 A04016　广西瑞熙特种票证印务有限公司承印

广西壮族自治区　南宁市机动车停车场定额发票

发票联

伍　　元

发票代码：245010411371

发票号码：05278523

收款单位（盖章有效）或个人　　　　　年　　月　　日

此联为报销凭据

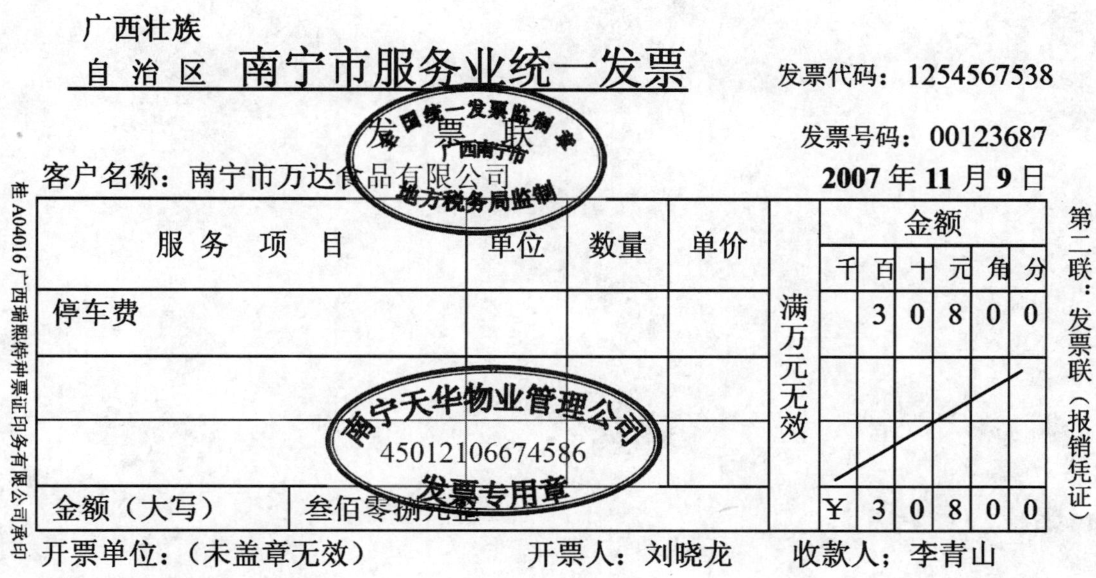

广西壮族
自 治 区　南宁市服务业统一发票　　发票代码：1254567538

发 票 联　　发票号码：00123687

客户名称：南宁市万达食品有限公司　　2007年11月9日

服 务 项 目	单位	数量	单价	满万元无效	千	百	十	元	角	分
停车费						3	0	8	0	0
金额（大写）	叁佰零捌元整				¥	3	0	8	0	0

开票单位：（未盖章无效）　　开票人：刘晓龙　　收款人；李青山

第二联：发票联（报销凭证）

桂 A04016 广西瑞熙烨种票证印务有限公司承印

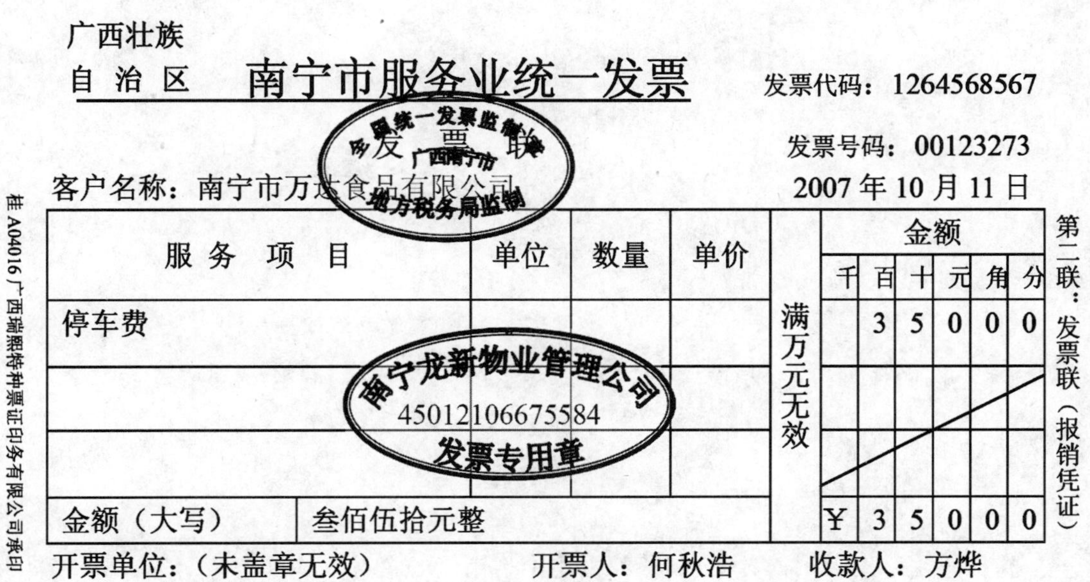

广西壮族
自 治 区　南宁市服务业统一发票　　发票代码：1264568567

发 票 联　　发票号码：00123273

客户名称：南宁市万达食品有限公司　　2007年10月11日

服 务 项 目	单位	数量	单价	满万元无效	千	百	十	元	角	分
停车费						3	5	0	0	0
金额（大写）	叁佰伍拾元整				¥	3	5	0	0	0

开票单位：（未盖章无效）　　开票人：何秋浩　　收款人：方烨

第二联：发票联（报销凭证）

桂 A04016 广西瑞熙烨种票证印务有限公司承印

业务十九　2007 年 11 月 11 日向柳州面粉厂购进的 372 吨面粉到货。验收入库。记账凭证附件：收料单。

材料验收入库单

供应单位：

支票号：　　　　　　　　　　2007 年 11 月 11 日　　　　　　　　　　字第　　号

材料类别	材料名称	规格材质	计量单位	数量	实收数量	金额								
						单价	百	十	万	千	百	十	元	角	分
原材料	面粉		吨	372	372	3 000	1	1	1	6	0	0	0	0	0
检验结果		检验员签章：		运杂费						4	6	0	0	0	0
				合计			1	1	2	0	6	0	0	0	0
备注：															

仓库主管：黎明　　材料会计：蔡铭　　收料员：冯龚　　经办人：刘星　　制单：冯龚

业务二十　2007 年 11 月 11 日收到广州市南阳副食品公司前欠的部分货款 638 000 元。记账凭证附件：银行收款通知单。

建设银行

BANK OF COMMUNICATIONS **支付系统收付款通知**　　　　№225615514

汇兑凭证（来报）

报文种类：BC CMT100　交易种类：wer　贷记业务种类：普通汇兑　　支付交易序号：29429930

发起行行号：10358476323156　　付款人开户行行号：00000129　　发报日期：2007-11-11

发起行名称：工行月洋办

付款人账号：5898568247121035

付款人名称：广州市南阳副食品公司

付款人地址：

接收行行号：104611010009　　收款人开户行行号：104611010009　　收报日期：2007-11-11

接收行名称：建设银行南宁科园支行

收款人账号：3378239980

收款人名称：南宁市万达食品有限公司

收款人地址：科园路 36 号

货币符号、金额：人民币陆拾叁万捌仟元整

RMB*638,000.00

（印章：建设银行南宁科园支行　2007.11.11　转讫　(4)）

附言：　货

会计分录　借：　　　贷：　　　金额：*638,000.00

　　　　　借：　　　贷：　　　金额：

第三联：业务部门留底或客户回单　　　　复核　　　　经办

东港安全印刷有限公司印制　交通银行总行监制

业务二十一　2007年11月12日，提取现金164 290元，备发工资。记账凭证附件：现金支票存根。

中国建设银行（桂）

现金支票存根

NO01640538

科　　目 __________

对方科目 __________

出票日期 2007.11.12

收款人：郭答
金　额：￥164 290.00
用　途：工资

单位主管：石万　会计

业务二十二　2007年11月12日，发放职工工资164 290元。记账凭证附件：工资结算汇总表。

工资结算汇总表

2007年11月12日　　　　单位：元

部门	姓名	应付工资			代扣款			实发工资
		基本表	津贴	合计	房租	电费	合计	
略								…
略								…
略								…
略								…
略								…
略								…
合计								164 290

现金付讫

财务主管：潘常江　　　审核：宋丹　　　制单：梁青

业务二十三　2007年11月12日，签发转账支票一张，金额48 800元，向市劳保用品商店购入劳保用品。直接交生产车间使用。记账凭证附件：普通发票、转账支票存根、银行进账单、劳保用品货物清单及验收单（省略）。

广西壮族
自 治 区　南宁市货物销售统一发票

全国统一发票监制章
广西南宁市
地方税务局监制

发票代码：1234887890
发　票　联　发票号码：0012346555

客户名称：南宁市万达食品有限公司　　2007 年 11 月 12 日

桂 A04016 广西瑞熙特种票证印务有限公司承印

货 物 名 称	规 格	单位	数量	单价	金额 万	千	百	十	元	角	分
劳保用品					4	8	8	0	0	0	0
(详见发货清单)											
金额（大写）肆万捌仟捌佰元整					4	8	8	0	0	0	0

南宁市爱华劳保用品店
450121012345678
发票专用章

第二联：发票联（报销凭证）

开票单位：（未盖章无效）　　开票人：李芝芳　　收款人：梁晓露

中国建设银行（桂）

转账支票存根

NO01640649

科　　目 ________

对方科目 ________

出票日期 07.11.12

收款人：南宁爱华劳保用品店
金　额：￥48 800.00
用　途：购劳保用品

单位主管：石万　会计

中国建设银行进账单（回单）

2007 年 11 月 12 日　　　　第　　号

<table>
<tr><td rowspan="3">出票人</td><td>全称</td><td>万达食品有限公司</td><td rowspan="3">收款人</td><td>全称</td><td colspan="8">南宁爱华劳保用品店</td><td rowspan="7">此联是开户银行交给持票人的回单</td></tr>
<tr><td>账号</td><td>3378239980</td><td>账号</td><td colspan="8">5468235512</td></tr>
<tr><td>开户行</td><td>建设银行南宁科园支行</td><td>开户行</td><td colspan="8">建设银行南宁人民支行</td></tr>
<tr><td colspan="2" rowspan="2">人民币（大写）</td><td colspan="3" rowspan="2">肆万捌仟捌佰元整</td><td></td><td>万</td><td>千</td><td>百</td><td>十</td><td>元</td><td>角</td><td>分</td></tr>
<tr><td>¥</td><td>4</td><td>8</td><td>8</td><td>0</td><td>0</td><td>0</td><td>0</td></tr>
<tr><td colspan="2">票据种类</td><td>转账支票</td><td colspan="10" rowspan="2">建设银行南宁科园支行 2007.11.12 转讫 (2)
（章）
收款人开户行盖章</td></tr>
<tr><td colspan="2">票据张数</td><td>1</td></tr>
<tr><td colspan="13">单位主管　　会计　　复核　　记账</td></tr>
</table>

业务二十四　2007 年 11 月 13 日材料会计根据领料单编制生产领用材料汇总表，核算材料成本。记账凭证附件：生产领用材料汇总表、领料单。

生产领用材料汇总表

材料名称	领料部门	用途	单位	领用数量	金额
面粉	饼干车间	花生夹心饼	吨	60	180 000
		奶油蛋卷	吨	30	90 000
白砂糖	饼干车间	花生夹心饼	吨	10	68 000
		奶油蛋卷	吨	5	34 000
食用香精	饼干车间	花生夹心饼	千克	180	7 200
		奶油蛋卷	千克	100	4 000
奶油	饼干车间	奶油蛋卷	吨	2.3	46 000
花生仁	饼干车间	花生夹心饼	吨	17.1	171 000
鲜鸡蛋	饼干车间	奶油蛋卷	吨	10	65 000
夹心饼包装箱	饼干车间	花生夹心饼	个	32 000	64 000
蛋卷包装箱	饼干车间	奶油蛋卷	个	12 000	24 000
备注	花生夹心饼共计材料 490 200，奶油蛋卷共计材料263 000，总计 753 200				
	白砂糖 6.8 元/千克，面粉 6 元/千克，食用香精 40 元/千克				
	花生仁 10 元/千克，　鲜鸡蛋 6.5 元/千克，奶油 20 元/千克				

领　料　单

领字第 15 号

领料部门 饼干车间　　　　（三联式）

用　　途 生产领用　　　　2007 年 11 月 13 日

材料			单位	数量		成本										材料账页
编号	名称	规格		请领	实发	单价	总价									
							十	万	千	百	十	元	角	分		
	面粉		吨	90	90	3 000	2	7	0	0	0	0	0	0		
	白砂糖		吨	15	15	6 800	1	0	2	0	0	0	0	0		
	食用香精		千克	280	280	40		1	1	2	0	0	0	0		
	奶油		吨	2.3	2.3	20 000		4	6	0	0	0	0	0		
	花生仁		吨	17.1	17.1	10 000	1	7	1	0	0	0	0	0		
	鲜鸡蛋		吨	10	10	6 500		6	5	0	0	0	0	0		

主管:　　会计:　　记帐: 宋丹　保管: 冯龚　发料: 黄莉　领料: 钟兰

第二联　送会计部门

领　料　单

领字第 16 号

领料部门 饼干车间　　　　（三联式）

用　　途 生产领用　　　　2007 年 11 月 13 日

材料			单位	数量		成本										材料账页
编号	名称	规格		请领	实发	单价	总价									
							十	万	千	百	十	元	角	分		
	夹心饼包装箱		个	32 000	32 000	2		6	4	0	0	0	0	0		
	蛋卷包装箱		个	12 000	12 000	2		2	4	0	0	0	0	0		

主管:　　会计:　　记账: 宋丹　保管: 冯龚　发料: 黄莉　领料: 钟兰

第二联　送会计部门

业务二十五　2007 年 11 月 12 日出售奶油 3 吨给河池市副食品厂，单位售价 22 000，货已发出，并以现金支付代垫运费 1 300 元。已向银行办妥托收手续。记账凭证附件：增值税发票、产品出仓单、托收承付结算凭证(回单)、运输发票、产品销货订单(省略)。

广西增值税专用发票

45000012345　　记帐　　№00085021

开票日期：2007年　11月　12日

购货单位	名　　称：河池市副食品厂 纳税人识别号：771500580127642 地址、电话：河池民乐路37号　0778-5886214 开户行及账号：建行民乐支行 4218239483			密码区	（省略密文）		
货物或应税劳务名称	规格型号	单位	数量	单价	金额	税率	税额
奶油		吨	3.00	22,000.00	66,000.00	17%	11,220.00
合计					66,000.00		11,220.00
价税合计（大写）	柒万柒仟贰佰贰拾元整				（小写）¥77,220.00		
销货单位	名　　称：南宁市万达食品有限公司 纳税人识别号：790005801278765 地址、电话：科园路36号　0771-5882105 开户行及账号：建行科园支行 3378239980			备注	南宁市万达食品有限公司 450121456187218 发票专用章		

收款人：　　复核：蔡铭　　开票人：宋丹　　销货单位：（章）

第三联：记帐联　销货方记帐凭证

出　仓　单　　No002004

购货单位：河池市副食品厂　　　　**2007**年**11**月**12**日

产品编号	产品名称	产品规格	单位	数量	售价	十	万	千	百	十	元	角	分	产品明细账 号	产品明细账 页	说明
	奶油		*吨*	*3*	*22 000*		*6*	*6*	*0*	*0*	*0*	*0*	*0*			
	合计					*¥*	*6*	*6*	*0*	*0*	*0*	*0*	*0*			

部门主管：　　会计：蔡铭　　记账：　　保管：牛裙　　提货人　　制单：牛裙

中国建设银行托收承付结算凭证（回单） 第 号

委托日期 2007年11月12日 托收号码

付款人	全称	河池市副食品厂		收款人	全称	万达食品有限公司									
	帐号或地址	6845218852			帐号或地址	3378239980									
	开户银行	建行人民支行			开户银行	行号	中国建设银行南宁科园支行								
托收金额	人民币（大写）柒万捌仟伍佰贰拾元整					千	百	十	万	千	百	十	元	角	分
								¥	7	8	5	2	0	0	0
附件		商品发运情况				合同名称号码									
附寄单证张数或册数															
备注：		付款人注意： 1. 根据结算办法规定，上列托收款项，在承付期限内未拒付时，即视为全部承付，如系全额支付即以此连带支款通知；如遇延付或部分支付时，再由银行另送延付或部分支付的支款通知。 2. 如需提前承付或多承付时，应另写书面通知送银行办理。 3. 如系全部或部分拒付，应在承付期限内另填写拒绝承付理由书送银行办理。													

公路运费发票

开户银行：

发 票
监制章

交运 字

账号：

托运单位	万达食品有限公司	受理单位	河池市副食品厂	受理编号	字 号
装货地点	南宁市	承运单位	联运服务站	协议合同	字 号
卸货地点	河池市	计吨办法		计费里程	（公里）

货物名称	件数	包装	规格	托运重量	货物等级		计费重量			+－（加减）成（%）	每吨运价率	单价比价率	金额						
					运输	装卸	运量	周转量	装运量				万	千	百	十	元	角	分
奶油			吨	3										1	3	0	0	0	0
合计金额（大写）	壹仟叁佰元整										合计		¥	1	3	0	0	0	0

制票单位：南宁货运站 发票专用章 制票人：吴春红 复核：刘小明 收费人：李方丹

业务二十六　2007 年 11 月 13 日，偿还前欠柳州面粉厂货款 200,000 元，银行手续费 10 元。记账凭证附件：银行电汇单、手续费收费凭证。

中国建设银行电汇凭证(回单)　1

委托日期 2007 年 11 月 13 日　　　　　第　号

汇款人	全称	南宁市万达食品有限公司			收款人	全称	柳州面粉厂		
	账号或住址	3378239980				账号或住址	450600005		
	汇出地点	南宁	汇出行名称	建行南宁科园支行		汇入地点	柳州	汇入行名称	工行柳州高新支行
金额	人民币（大写）贰拾万元整								
汇款用途：偿还前欠柳州面粉厂货款					汇出行盖章				
上列款项已根据委托办理，如须查询，请持此回单来面洽					年 月 日				

百	十	万	千	百	十	元	角	分
¥	2	0	0	0	0	0	0	0

中国建设银行 南宁科园支行 2007.11.13 转讫

此联汇出行给汇款人的回单

中国建设银行凭证费、手续费、邮电费收费凭证　NO.00468

单位名称：南宁市万达食品有限公司　　　　　第一联　收费计数证明单

帐　　号：3378239980　　　　2007 年 11 月 13 日

收费项目	数量	单价	凭证费	手续费	邮电费	合计
电汇				¥10.00		¥10.00
合计				¥10.00		¥10.00
合计人民币（大写）壹拾元整						

中国建设银行 南宁科园支行 2007.11.13 转讫

业务二十七　2007 年 11 月 14 日，销售给百色市副食品批发公司花生夹心饼 2 000 箱，单位售价 48 元，奶油蛋卷 1 500 箱，单位售价 56 元。代垫运费 1 560 元。增值税发票已开，已向开户银行办妥托收手续，款项尚未收到。记账凭证附件：增值税发票、现金支票存根、代垫运费、银行托收承付单、产品出仓单。

广西增值税专用发票

45000012345　　　　　　　　　　　　　　　　　№00085027

全国统一发票监制章 广西 国家税务总局监制　记账

开票日期：2007年　11月　14日

购货单位	名称：百色市副食品批发公司 纳税人识别号：776500680162642 地址、电话：百色解放路56号　0776-3535055 开户行及账号：建行解放支行 6558239563	密码区	（省略密文）				
货物或应税劳务名称	规格型号	单位	数量	单价	金额	税率	税额
花生夹心饼		箱	3,000.00	48.00	96,000.00	17%	16,320.00
奶油蛋卷		箱	1,500.00	56.00	84,000.00	17%	14,280.00
合计					180,000.00		30,600.00
价税合计（大写）	贰拾壹万零陆佰元整				（小写）¥210,600.00		
销货单位	名称：南宁市万达食品有限公司 纳税人识别号：790005801278765 地址、电话：科园路36号　0771-5882105 开户行及账号：建行科园支行 3378239980	备注	南宁市万达食品有限公司 450121456187218 发票专用章				

收款人：　　　复核：　　　开票人：郭答　　　销货单位：（章）

第三联：记帐联　销货方记帐凭证

中国建设银行（桂）

现金支票存根

NO01634812

科　　目 ________

对方科目 ________

出票日期 2007.11.14

收款人 现代运输王清
金　额：¥1 560.00
用　途：代垫运费

单位主管　　　会计

广西壮族自治区 南宁市运费结算发票

全国统一发票监制章　发票联　广西南宁市地方税务局监制

发票代码：225566

发票号码：00156780

桂A04016广西瑞照特种票证印务有限公司承印

客户名称：*万达食品有限公司*　　2007年11　月14日

名称	作业项目	起止地点	距离	数量	重量	单价	金额					
			公里	件	吨		千	百	十	元	角	分
运输费		南宁-百色		3 500箱			1	5	6	0	0	0
合计人民币（大写）*壹仟伍佰陆拾元整*　￥1560.00							1	5	6	0	0	0
备注												

第三联：记帐联

开票单位：（未盖章无效）　　开票人：王小明　　收款人：李天

广西南宁现代汽车运输公司 财务专用章

中国建设银行托收承付结算凭证（承付/支款 通知）　第　号

委托日期　2007年11月14日　　托收号码　5791

付款人	全称	百色市河西副食品批发公司	收款人	全称	万达食品有限公司									
	帐号或地址	5577668899		帐号或地址	3378239980									
	开户银行	建行城西支行		开户银行	行号	中国建设银行南宁科园支行								
托收金额	人民币（大写）贰拾壹万贰仟壹佰陆拾元整				千	百	十	万	千	百	十	元	角	分
						￥	2	1	2	1	6	0	0	0
附件		商品发运情况			合同名称号码									
附寄单证张数或册数		已发运												
备注：		付款人注意： 4. 根据结算办法规定，上列托收款项，在承付期限内未拒付时，即视为全部承付，如系全额支付即以此连带支款通知；如遇延付或部分支付时，再由银行另送延付或部分支付的支款通知。 5. 如需提前承付或多承付时，应另写书面通知送银行办理。 6. 如系全部或部分拒付，应在承付期限内另填写拒绝承付理由书送银行办理。												

出　仓　单　　No002003

购货单位：百色市河西副食品批发公司　　　　　　*2007*年*11*月*12*日

产品			单位	数量	售价	总金额								产品明细账		说明
编号	名称	规格				十	万	千	百	十	元	角	分	号	页	
	花生夹心饼		*箱*	*2 000*	*48*		*9*	*6*	*0*	*0*	*0*	*0*	*0*			
	奶油蛋卷		*箱*	*1 500*	*56*		*8*	*4*	*0*	*0*	*0*	*0*	*0*			
	合计					*1*	*8*	*0*	*0*	*0*	*0*	*0*	*0*			

第三联　会计

部门主管：　　会计：蔡铭　　记账：　保管：牛裙　　提货人　　制单：牛裙

业务二十八　2007年11月16日开出转账支票一张，金额10 000元，捐助市福利院。记账凭证附件：支票存根、银行进账单、行政事业单位统一收据。

中国建设银行（桂）

转账支票存根

NO01634812

科　　目 ____________

对方科目 ____________

出票日期 ***2007. 11.16***

收款人：市福利院

金　额：***¥10 000.00***

用　途：***捐款***

单位主管　　　　会计

中国建设银行进账单（回　单）1　N0 00480155

2007 年 11 月 16 日

出票人	全称	万达食品有限公司	收款人	全称	南宁市福利院
	账号	3378239980		账号	5678855112
	开户行	中国建设银行南宁科园支行		开户行	建行南宁明秀分理处
人民币（大写）	壹万元整		百 十 万 千 百 十 元 角 分	¥ 1 0 0 0 0 0 0	
票据种类		票据张数			
票据号码					
复核　记账			建设银行南宁科园支行 转讫（2） 开户银行盖章		

广西南宁市行政事业单位一般收据　桂 ANO．2745073

2007 年 *11* 月 *16* 日　　　　第　　号

今收到 *南宁市万达食品有限公司* 交来 *捐助* 款项

人民币（大写） *壹万 零仟 零佰 零拾 零元 零角 零分* 此据

¥ *10 000.00*

备注

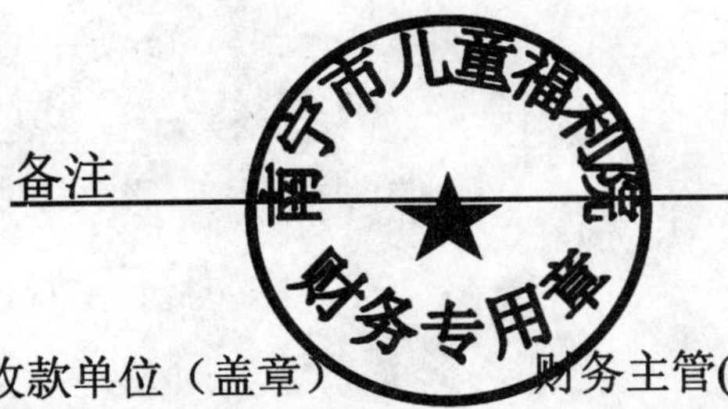

收款单位（盖章）　财务主管(章)　收款人(章) 张华敏印

说明:本收款收据适用于行政事业单位收取不属于行政事业单位收费的款项,如食堂收取管理费、房租水电费、会费（向会员收取各种会费）、上级拨款、内部往来帐的结算，向单位内部职工收费、内部统一发票的分割、按工本费收取的内部刊物和书籍款项等。

业务二十九　2007 年 11 月 16 日，由于糖价上涨，销售白砂糖 2.5 吨给广东中山康乐食品厂，每吨售价 10 000 元，对方自己提运，款未收。记账凭证附件：增值税发票、材料出仓单。

出　仓　单　　No002004

购货单位：广东中山康乐食品厂　　　　2007年11月16日

产品			单位	数量	售价	金额								产品明细账		说明
编号	名称	规格				十	万	千	百	十	元	角	分	号	页	
	白砂糖		吨	2.5	10 000		2	5	0	0	0	0	0			
						¥	2	5	0	0	0	0	0			

第三联　会计

部门主管：　会计：蔡铭　记账：　保管：牛裙　提货人　制单：牛裙

广西增值税专用发票

45000012345　　　　№00085028

开票日期：2007年　11月　16日

购货单位	名称：广东中山康乐食品厂 纳税人识别号：781500580136988 地址、电话：中山市人民路35号　0760-22102559 开户行及账号：工行人民支行 3848239598				密码区		
货物或应税劳务名称	规格型号	单位	数量	单价	金额	税率	税额
白砂糖		吨	2.50	10,000.00	25,000.00	17%	4,250.00
合计					25,000.00		4,250.00
价税合计（大写）	贰万玖仟贰佰伍拾元整				（小写）¥29,250.00		
销货单位	名称：南宁市万达食品有限公司 纳税人识别号：790005801278765 地址、电话：科园路36号　0771-5882105 开户行及账号：建行科园支行 3378239980				备注	南宁市万达食品有限公司 450121456187218 发票专用章	

第三联：记帐联　销货方记帐凭证

收款人：　复核：　开票人：郭答　销货单位：（章）

业务三十　2007年11月16日，产品完工入库：花生夹心饼完工9 700箱，奶油蛋卷完工6 000箱，交成品仓库。（该项业务不做账务处理。）

产品交库单

部门：生产车间　　　　　　　　　　　　　　　　　　2007年11月16日

产品			单位	数量	单位成本	成本总额								产品明细账		说明
编号	名称	规格				十	万	千	百	十	元	角	分	号	页	
	花生夹心饼		箱	9 700												
	奶油蛋卷		箱	6 000												
备注：		验收人签章			合计											

第三联　会计

制单人：童小明

业务三十一　2007年11月17日以现金发放手机通讯补助900元。记账凭证附件：手机通讯费补助表。

手机通讯费补助表

2007年11月17日

所属部门代码	姓　名	职　务	金额	签名
001	石万	总经理	400.00	石万
002	蔡依铃	销售副总经理	300.00	蔡依铃
003	周洁	人事、行政部副总经理	100.00	周洁
004	黎明	物流、采购、生产部副总经理	100.00	黎明
小计			900.00	

现金付讫

单位主管：石万　　　　财务主管：潘常江　　　　制表人：宋丹

业务三十二　2007年11月18日以现金支付车间工人王锘等8人生活困难补助费2 400元。记账凭证附件:关于发放职工生活困难补助的通知、补助费花名册、现金支出凭单。

关于发放职工生活困难补助的通知

财务科:

根据车间工会小组的意见,经公司总工会福利委员会研究决定给王锘等八人发放生活困难补助,每人300元,共计人民币贰仟肆佰元整(¥2 400.00),请你科按所附花名册发放。

南宁市万达食品有限公司工会委员会

2007年11月18日

附:名单

生活困难补助费花名册

2007年11月18日

姓　名	金　额	签　收
王　锘	300.00	王　锘
刘惠昌	300.00	刘惠昌
张思进	300.00	张思进
李　嘉	300.00	李　嘉
孔德明	300.00	孔德明
李芳蓉	300.00	李芳蓉
毛永发	300.00	毛永发
黄　强	300.00	黄　强
合　计	2 400.00	

现金付讫

制表:刘方方

业务三十三　2007年11月19日蔡铭报购买记账凭证、账簿款200元。记账凭证附件:现金支出凭单、普通发票。

现金支出凭单

顺序 号

2007年11月19日

第 号

付给 财务部蔡铭

科目
方 帐页
帐户

现金付讫

记帐凭证、帐簿等费用 款

计人民币（大写）⊗拾 ⊗万 ⊗仟 贰佰 零拾 零元 零角 零分

收款人(盖章) 蔡铭 ¥ 200.00

审批人 主管会计 记帐员 出纳员郭答

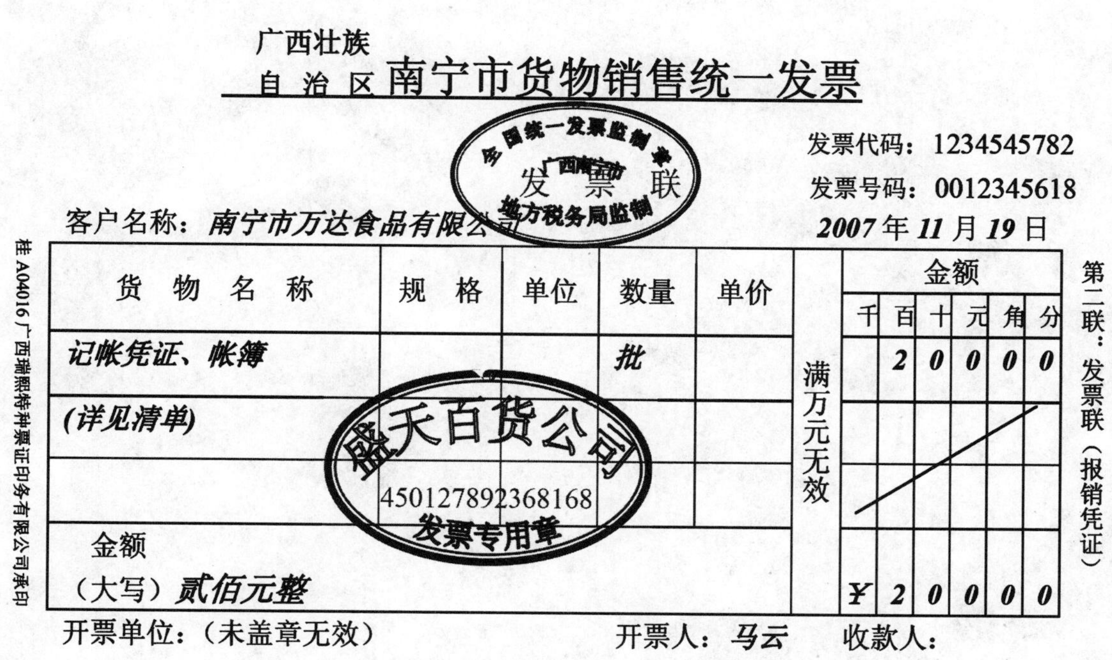

广西壮族自治区南宁市货物销售统一发票

全国统一发票监制章 广西南宁市地方税务局监制

发票联

发票代码：1234545782

发票号码：0012345618

客户名称：南宁市万达食品有限公司

2007年11月19日

货物名称	规格	单位	数量	单价		金额 千	百	十	元	角	分
记帐凭证、帐簿			批		满万元无效		2	0	0	0	0
(详见清单)											
金额（大写）贰佰元整						¥	2	0	0	0	0

盛天百货公司 450127892368168 发票专用章

开票单位：（未盖章无效） 开票人：马云 收款人：

第二联：发票联（报销凭证）

桂A04016广西瑞照特种票证印务有限公司承印

清单（略）

业务三十四　2007 年 11 月 20 日接银行通知，桂林市副食品公司归还前欠的购货款 604 000 元。记账凭证附件：银行收款通知。

建设银行

BANK OF COMMUNICATIONS **支　付　系　统　收　付　款　通　知**

№225615514

汇兑凭证（来报）

报文种类：BC CMT100　交易种类：wer　贷记业务种类：普通汇兑　支付交易序号：29429930

发起行行号：***10358476323156***　付款人开户行行号：***00000129***　发报日期：***2007-11-20***

发起行名称：***农行月洋办***

付款人账号：***5898562476181035***

付款人名称：***桂林市副食品公司***

付款人地址：

接收行行号：***104611010009***　收款人开户行行号：***104611010009***　收报日期：***7-11-20***

接收行名称：***建设银行南宁科园支行***

收款人账号：***3378239980***

收款人名称：***南宁市万达食品有限公司***

收款人地址：***科园路 36 号***

货币符号、金额：人民币***陆拾万零肆仟元整***

RMB****604,000.00***

附言：　货款

会计分录　借：0390000000　贷：0390000001　金额：****604,000.00***

借：　贷：　金额：

建设银行南宁科园支行　2007.11.20　转讫（4）

第三联：业务部门留底或客户回单　复核　经办*刘丹*

东港安全印刷有限公司印制　交通银行总行监制

业务三十五　2007 年 11 月 22 日销售部李红出差归来，报销差旅费 4 900 元。记账凭证附件：收款收据、差旅费报销单、住宿发票、车船票等单据。

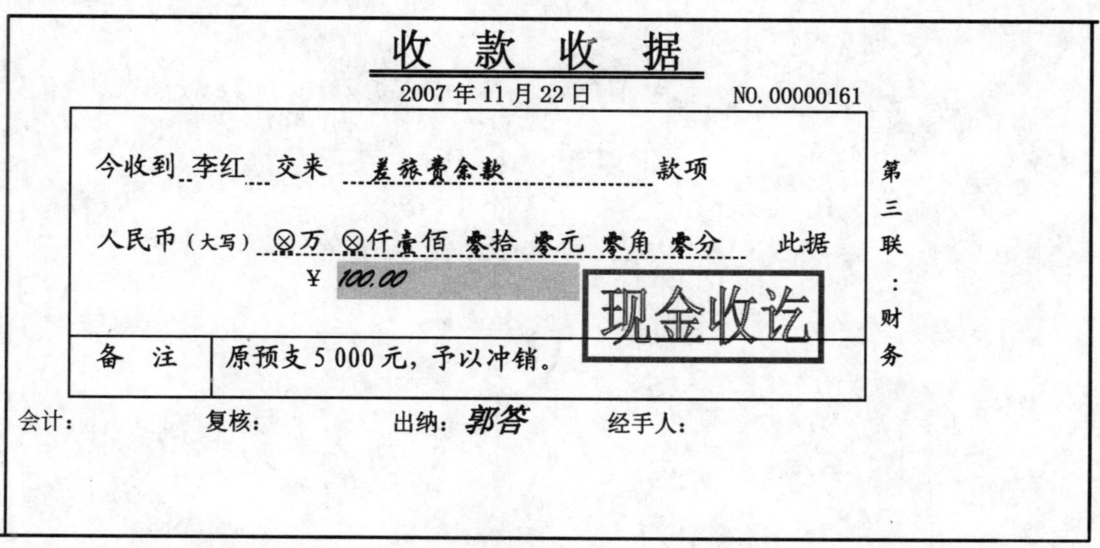

收　款　收　据

2007 年 11 月 22 日　NO. 00000161

今收到 李红 交来 差旅费余款 款项

人民币（大写）⊗万 ⊗仟 壹佰 零拾 零元 零角 零分　此据

¥ 100.00

现金收讫

备　注	原预支 5 000 元，予以冲销。

第三联：财务

会计：　复核：　出纳：郭答　经手人：

差旅费报销单

报销部门：*销售部*　　　　填报日期：*2007* 年 *11* 月 *22* 日

南宁市统一会计凭证帐簿系列

姓名	*李红*	职别	*销售员*	出差事由	*宣传、销售产品*

出差起止日期自 *2007* 年 *11* 月 *15* 日起至 *2007* 年 *11* 月 *21* 日止　　共 *7* 天附单据 *10* 张

日期 月	日期 日	起讫地点	天数	机票费	车船费	市内交通费	住宿费	出差补助	住宿节约补助	其他	小计
11	*15*	*南宁—广州*	*1*		*295*	*200*	*1 400*	*710*		*2 000*	*4 605*
11	*20*	*广州—南宁*	*1*		*295*						*295*
		合计			*590*	*200*	*1 400*	*710*		*2 000*	*¥4 900*

总计金额（大写）	*肆仟玖佰元整*	预支 *5 000.00* 元	补领超支＿＿元	缴回现款 *100.00* 元

负责人:*石万*　　会计:*宋丹*　　出纳:*郭答*　　审核:*蔡铭*　　部门主管:*潘常江*　　出差人:*李红*

原始凭证粘贴单

零星小张单据呈鱼鳞状排列粘贴，不可重粘在一起，粘贴的单据不可超出本单面积（请把本单裁与记账凭证一样大小）

单据张数
金　额
经手人
审批人
日　期

广东省广州市服务业发票

发票代码：1234567890

发票联　　　　发票号码：45210001

全国统一发票监制章 广东广州市 地方税务局监制

客户名称：*万达食品有限公司*　　　*2007* 年 *11* 月 *20* 日

粤A04016广东瑞熙特种票证印务有限公司承印

服务项目	单位	数量	单价	满万元无效	金额 千	百	十	元	角	分
住宿	*天*	*5*	*280*		*1*	*4*	*0*	*0*	*0*	*0*
金额（大写）*壹仟肆佰元整*					*1*	*4*	*0*	*0*	*0*	*0*

广州丽江宾馆 45012100243 发票专用章

第二联：发票联（报销凭证）

开票单位：（未盖章无效）　　　开票人：*张力*　　　收款人：

粤B3628 广东瑞熙特种票证印务有限公司承印

广东省 广州 市 道 路 客 运 定 额 发 票

全国统一发票监制章 广东广州市 地方税务局监制

发票联

伍　拾　元

（票价含旅保金、公建金）

发票代码：245010411371

发票号码：82015345

收款单位（盖章有效）或个人　　　年　月　日

粤B3628 广东瑞熙特种票证印务有限公司承印

广东省 广州 市 道 路 客 运 定 额 发 票

全国统一发票监制章 广东广州市 地方税务局监制

发票联

伍　拾　元

（票价含旅保金、公建金）

发票代码：245010411371

发票号码：82015646

收款单位（盖章有效）或个人　　　年　月　日

粤 B3628　广东瑞照特种票证印务有限公司承印

广东省 广州 市 道 路 客 运 定 额 发 票

全国统一发票监制章 广东省广州市 地方税务局监制

发票联

贰　拾　元

（票价含旅保金、公建金）

发票代码：245010411371

发票号码：82015637

收款单位（盖章有效）　　年　月　日

或个人

粤 B3628　广东瑞照特种票证印务有限公司承印

广东省 广州 市 道 路 客 运 定 额 发 票

全国统一发票监制章 广东省广州市 地方税务局监制

发票联

贰　拾　元

（票价含旅保金、公建金）

发票代码：245010411371

发票号码：82015640

收款单位（盖章有效）　　年　月　日

或个人

此联为报销凭据

粤 B3628　广东瑞照特种票证印务有限公司承印

广东省 广州 市 道 路 客 运 定 额 发 票

全国统一发票监制章 广东省广州市 地方税务局监制

发票联

贰　拾　元

（票价含旅保金、公建金）

发票代码：245010411371

发票号码：07284360

收款单位（盖章有效）　　年　月　日

或个人

此联为报销凭据

粤 B3628　广东瑞熙特种票证印务有限公司承印

广东省 广州 市 道 路 客 运 定 额 发 票

发票联

贰　拾　元

（票价含旅保金、公建金）

发票代码：245010411371

发票号码：07614590

收款单位（盖章有效）　　年　月　日

或个人

此联为报销凭据

粤 B3628　广东瑞熙特种票证印务有限公司承印

广东省广 州 市 道 路 客 运 定 额 发 票

发票联

贰　拾　元

（票价含旅保金、公建金）

发票代码：245010411371

发票号码：07435523

收款单位（盖章有效）　　年　月　日

或个人

此联为报销凭据

C 0048365　南宁　售

南宁 ——→ 广州　2572

2007 年 11 月 20 日 16：04 开 12 车　10 号下铺

全　价 295.00 元　新空调硬座快速卧

限乘当日当次车

在 4 日内到有效

45168321100605C056978476463812621570633

C 0048428　广州　售

广州 ——→ 南宁　2571

2007 年 11 月 15 日 14：12 开 10 车　06 号下铺

全　价 295.00 元　新空调硬座快速卧

限乘当日当次车

在 4 日内到有效

45168321100605C056978 472157063364638126

业务三十六　2007年11月22日开出转账支票35 000元支付房屋维修费(厂部办公大楼维修费10 000,车间厂房维修费25 000,分五个月摊销)。记账凭证附件:房屋维修费发票、支票存根银行进账单。

广西壮族自治区　南宁市修理业统一发票　　发票代码：1234567890

发　票　联　　发票号码：00124168

客户名称：万达食品有限公司　　2007年11月22日

修理项目	单位	数量	单价	金额 万	千	百	十	元	角	分
厂部办公大楼					1	0	0	0	0	0
车间厂房					2	5	0	0	0	0	0
金额（大写） 叁万伍仟元整				3	5	0	0	0	0	0

开票单位：（未盖章无效）　　开票人：李刚　　收款

全国统一发票监制章 广西南宁市 地方税务局监制

南宁东风房屋修理经营部 45012106678923 发票专用章

桂A04016广西瑞熙特种票证印务有限公司承印

第二联：发票联（报销凭证）

建设银行转账支票存根

支票号码：01369341

科目

对方科目

出票日期 07.11.22

收款人：东风修理部
金额：¥35000.00
用途：房屋修理费
备注：

单位主管　　会计

复核　　记账

中国建设银行进账单（回 单） 1 N0 00480389

2007 年 11 月 22 日

出票人	全称	万达食品有限公司	收款人	全称	南宁东风房屋修理经营部
	账号	3378239980		账号	3868856360
	开户行	中国建设银行南宁科园支行		开户行	工行友爱支行
人民币（大写）		叁万伍仟元整		百 十 万 千 百 十 元 角 分	¥ 3 5 0 0 0 0 0
票据种类		票据张数			
票据号码					
复核 记账				建设银行南宁科园支行 转讫 (2) 开户银行盖章	

业务三十七 2007 年 11 月 24 日销售给市副食品批发公司花生夹心饼 3 000 箱，单位售价 48 元，奶油蛋卷 3 500 箱，单位售价 56 元。货已送到（公司送货上门）。增值税发票已开出，收到对方开出的 15 万元的转账支票送存银行，其余款项暂欠。记账凭证附件：增值税发票、产品出仓单、银行进账单。

广西增值税专用发票

45000012345　　记 账 联（全国统一发票监制章 广西 国家税务总局监制）　　№00085029

开票日期：2007年 11月 24日

购货单位	名称：南宁市副食品批发公司 纳税人识别号：771600580128754 地址、电话：南宁市新华路5号 0771-2855095 开户行及账号：建行新华支行 3468239868				密码区		
货物或应税劳务名称	规格型号	单位	数量	单价	金额	税率	税额
花生夹心饼		箱	3,000.00	48.00	144,000.00	17%	24,480.00
奶油蛋卷		箱	3,500.00	56.00	196,000.00	17%	33,320.00
合计					340,000.00		57,800.00
价税合计（大写）	叁拾玖万柒仟捌佰元整				（小写）¥ 397,800.00		
销货单位	名称：南宁市万达食品有限公司 纳税人识别号：790005801278765 地址、电话：科园路36号 0771-5882105 开户行及账号：建行科园支行 3378239980				备注	南宁市万达食品有限公司 450121456187218 发票专用章	

收款人：　　复核：　　开票人：郭益　　销货单位：（章）

第三联：记帐联 销货方记帐凭证

出　仓　单　　No002005

购货单位：市副食品批发公司　　　　*2007*年*11*月*24*日

产品			单位	数量	售价	总金额								产品明细账		说明
编号	名称	规格				十	万	千	百	十	元	角	分	号	页	
	花生夹心饼		*箱*	*3 000*	*48*	*1*	*4*	*4*	*0*	*0*	*0*	*0*	*0*			
	奶油蛋卷		*箱*	*3 500*	*56*	*1*	*9*	*6*	*0*	*0*	*0*	*0*	*0*			
	合计				*¥*	*3*	*4*	*0*	*0*	*0*	*0*	*0*	*0*			

部门主管：　会计：蔡铭　记账：　保管：牛裙　提货人　制单：牛裙

第三联　会计

中国建设银行进账单（收账通知）3　N0 00564989

2007 年 11 月 24 日

出票人	全称	南宁市副食品批发公司		收款人	全称	万达食品有限公司								
	账号	3534567891			账号	3378239980								
	开户行	中国建设银行南宁中华支行			开户行	建行南宁科园支行								
人民币（大写）	壹拾伍万元整				百	十	万	千	百	十	元	角	分	
					¥	1	5	0	0	0	0	0	0	
票据种类		票据张数			建设银行南宁科园支行 收讫 (1) 开户银行盖章									
票据号码														
复核　记账														

业务三十八　2007 年 11 月 25 日开出转账支票支付前欠本市新华公司香精款 50000 元。记账凭证附件：支票存根、进账单回单、手续费收据。

建设银行转账支票存根

支票号码：01369419

科目＿＿＿＿＿＿

对方科目＿＿＿＿＿＿

出票日期 07.11.25

收款人：市新华公司
金额：￥50 000.00
用途：货款
备注：

单位主管　　会计

复核　　记账

中国建设银行进账单（回　单）1　　N0 00480489

2007 年 11 月 25 日

出票人	全称	万达食品有限公司	收款人	全称	南宁市新华公司
	账号	3378239980		账号	5678855990
	开户行	中国建设银行南宁科园支行		开户行	中国建设银行中华分理处
人民币（大写）		伍万元整			百 十 万 千 百 十 元 角 分 ￥ 5 0 0 0 0 0 0
票据种类			票据张数		建设银行南宁科园支行 2007.11.25 转讫 (2)
票据号码					
复核　记账					开户银行盖章

中国建设银行凭证费、手续费、邮电费收费凭证　NO.00898

单位名称：*南宁市万达食品有限公司*　　　　第一联　收费计数证明单

帐　　号：*3378239980*　　　2007年11月25日

收费项目	数量	单价	凭证费	手续费	邮电费	合计
手续费				¥5.00		¥5.00
合　　计				¥5.00		¥5.00
合计人民币（大写）伍元整						

中国建设银行
南宁科园支行
2007.11.25
转讫

业务三十九　2007年11月26日收到托收的货款。记账凭证附件：托收承付结算凭证（收款通知）。

中国建设银行托收承付结算凭证（收款通知）4　　第　号

委托日期　2007年11月12日　　　　托收号码

付款人	全称	河池市副食品厂	收款人	全称	万达食品有限公司	
	帐号或地址	6845218852		帐号或地址	3378239980	
	开户银行	建行人民支行		开户银行	行号	中国建设银行南宁科园支行

托收金额	人民币（大写）柒万捌仟伍佰贰拾元整	千	百	十	万	千	百	十	元	角	分
				¥	7	8	5	2	0	0	0

附件		商品发运情况	合同名称号码
附寄单证张数或册数			
备注：		付款人注意：根据结算办法规定，上列托收款项，在承付期限内未拒付时，即视为全部承付，如系全额支付即以此连带支款通知；如逾延付或部分支付时，再由银行另送延付或部分支付的支款通知。 7. 如需提前承付或多承付时，应另写书面通知送银行办理。 8. 如系全部或部分拒付，应在承付期限内另填写拒绝承付理由书送银行办理。	

中国建设银行
南宁科园支行
2007.11.26
(1)

业务四十　2007年11月27日，支付本月水费10500元。记账凭证附件：委托收款结算凭证（付款通知）、委托银行代受水费收据、水费发票。

委收号码：

同城　　委托收款　凭证（付款通知）　5　　第 **00098544** 号

付款期限　年　月　日

委托日期：　*2007* 年　*11* 月　*27* 日

<table>
<tr><td rowspan="3">付款人</td><td>全　称</td><td>南宁市万达食品有限公司</td><td rowspan="3">收款人</td><td>全　称</td><td>陈村供水有限公司</td></tr>
<tr><td>账　号
或地址</td><td>3378239980</td><td>账　号</td><td>3504900392</td></tr>
<tr><td>开户银行</td><td>建行南宁科园支行</td><td>开户银行</td><td>建行南宁大学路分理处</td></tr>
<tr><td>委收金额</td><td colspan="4">人民币
（大写）：壹万零伍佰元整</td><td>￥10500.00</td></tr>
<tr><td>款项内容</td><td colspan="5">支付 11 月份电费　　附件　1 张</td></tr>
<tr><td colspan="3">备注：户号：4901100
该用户生产车间水费为 6500.00 元,厂部水费为 4000.00 元</td><td colspan="3">付款单位注意：
1. 根据结算办法，上列委托收款，如在付款期限内未拒付时，即视同全部同意付款，以此联代付示通知。
2. 如需提前付款或多付款时，应另与书面通知送银行办理。
3. 如系全部或部份拒付，应在付款期内另填拒付款理由书送银行办理。</td></tr>
</table>

（印章：中国建设银行南宁科园支行 高新分理处 07.11.27 转讫 ③）

单位主管　　会计　　复核　　记账　　付款人开户行盖章

此联付款人开户银行给付款人按期付款的通知

南宁陈村供水有限公司委托银行代受水费收据

单位全称: *南宁万达食品有限公司*

地址: *南宁市科园路 36 号*　　日期: *2007* 年 *11* 月 *27* 日　户号:*49260151*

类别	本月抄见	用水量(吨)	水费单价	水费(元)	燃机附加	新水还本(元)	水建基金(元)
生产车间		*0.00*	*0.00*	*6500.00*	*0. 00*	*0. 00*	*0. 00*
厂部				*3500.00*			
其他				*500.00*			
合计				*10500.00*			

（印章：南宁陈村供水有限公司 委托收款专用章）

附　件

说明:1.用户更改全称、帐号请及时通知本局用水管理所　　盖章　　手续费:　（元）迟纳金　（元）

2.如因存款不足而托收不到电费者，加收迟纳金，或停止供水　　　总应收金额:　*10500.00*（元）

南宁市陈村供水有限公司水费发票

日期 2007.11.22　　№123456

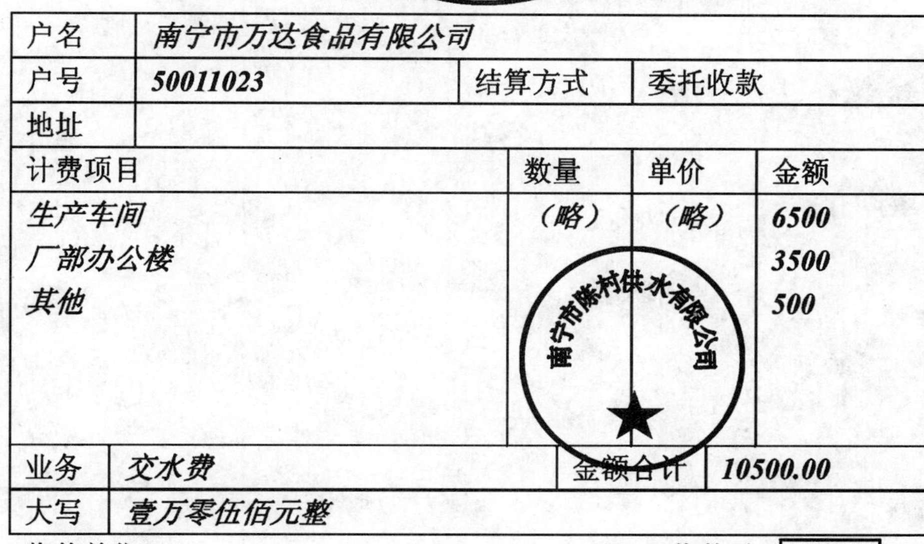

户名	南宁市万达食品有限公司		
户号	50011023	结算方式	委托收款
地址			
计费项目	数量	单价	金额
生产车间	（略）	（略）	6500
厂部办公楼			3500
其他			500
业务	交水费	金额合计	10500.00
大写	壹万零伍佰元整		

收款单位:　　　　收款员: 黄小妹

注:本发票无收款员章及发票专用章无效

第二联:发票(报销凭证)　手写无效

业务四十一　2007 年 11 月 28 日摊销应由本月负担的报刊杂志费 700 元,企业财产保险费 14333 元、固定资产修理费 7000 元。记账凭证附件:待摊费用分配表。

待摊费用分配表

2007 年 11 月 28 日

项目 / 部门	费用项目			
	固定资产修理费	企业财产保险费	报刊杂志费	合计
生产车间	5 000.00		200.00	5 200.00
管理部门	2 000.00	14 333.00	500.00	16 833.00
合计				22 033.00

主管:　　　　审核:　　　　制表:宋丹

业务四十二　2007 年 11 月 28 日,向武鸣县两江副食品批发公司、隆安县副食品批发公司销售商品,货已送到。增值税发票已开出,款项尚未收到。记账凭证附件:增值税发票、产品出仓单。

广西增值税专用发票

45000012345　　　　　　　　　　　№00085030

记帐

开票日期：2007年　11月　28日

购货单位	名称：武鸣两江副食品批发公司 纳税人识别号：771355680162689 地址、电话：武鸣中华路16号　0771-8535032 开户行及账号：农行中华分理处 9858235687					密码区		
货物或应税劳务名称		规格型号	单位	数量	单价	金额	税率	税额
花生夹心饼			箱	3,000.00	48.00	144,000.00	17%	24,480.00
奶油蛋卷			箱	3,500.00	56.00	196,000.00	17%	33,320.00
合计						340,000.00		57,800.00
价税合计（大写）		叁拾玖万柒仟捌佰元整					（小写）￥397,800.00	
销货单位	名称：南宁市万达食品有限公司 纳税人识别号：790005801278765 地址、电话：科园路36号　0771-5882105 开户行及账号：建行科园支行 3378239980					备注	南宁市万达食品有限公司 450121456187218 发票专用章	

收款人：　　复核：　　开票人：郭答　　销货单位：（章）

第三联：记帐联　销货方记帐凭证

出　仓　单

No002006

购货单位：武鸣两江副食品批发公司　　　　2007年11月28日

编号	名称	规格	单位	数量	售价	总金额 十	万	千	百	十	元	角	分	产品明细账 号	页	说明
	花生夹心饼		箱	3000	48	1	4	4	0	0	0	0	0			
	奶油蛋卷		箱	3500	56	1	9	6	0	0	0	0	0			
						3	4	0	0	0	0	0	0			

部门主管：　　会计：蔡铭　　记账：　　保管：牛裙　　提货人　　制单：牛裙

第三联　会计

广西增值税专用发票

45000012345　　　　　　　　　　　№00085031

记帐

开票日期：2007年　11月　28日

购货单位	名称：隆安县副食品批发公司 纳税人识别号：771635680173564 地址、电话：隆安中明路1号　0771-7635031 开户行及账号：农行明秀街分理处 9858231126					密码区		
货物或应税劳务名称		规格型号	单位	数量	单价	金额	税率	税额
花生夹心饼			箱	2,000.00	48.00	96,000.00	17%	16,320.00
奶油蛋卷			箱	1,500.00	56.00	84,000.00	17%	14,280.00
合计						180,000.00		30,600.00
价税合计（大写）		贰拾壹万零陆佰元整					（小写）￥210,600.00	
销货单位	名称：南宁市万达食品有限公司 纳税人识别号：790005801278765 地址、电话：科园路36号　0771-5882105 开户行及账号：建行科园支行 3378239980					备注	南宁市万达食品有限公司 450121456187218 发票专用章	

收款人：　　复核：　　开票人：郭答　　销货单位：（章）

第三联：记帐联　销货方记帐凭证

出　仓　单　　No002007

购货单位：隆安副食品批发公司　　2007年11月28日

产品			单位	数量	售价	总金额								产品明细账		说明
编号	名称	规格				十	万	千	百	十	元	角	分	号	页	
	花生夹心饼		箱	2000	48		9	6	0	0	0	0	0			
	奶油蛋卷		箱	1500	56		8	4	0	0	0	0	0			
						1	8	0	0	0	0	0	0			

部门主管：　会计：蔡铭　记账：　保管：牛裙　提货人　制单：牛裙

第三联　会计

业务四十三　现金支票存根联、服务业发票。2007年11月28日以开出现金支票支付运往武鸣、隆安的运费1 800元。记账凭证附件：

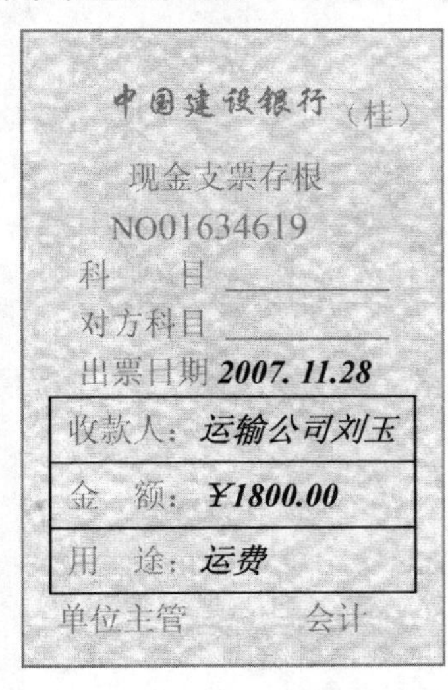

中国建设银行（桂）

现金支票存根

NO01634619

科　　目 ________

对方科目 ________

出票日期 2007. 11.28

收款人：运输公司刘玉

金　额：¥1800.00

用　途：运费

单位主管　　会计

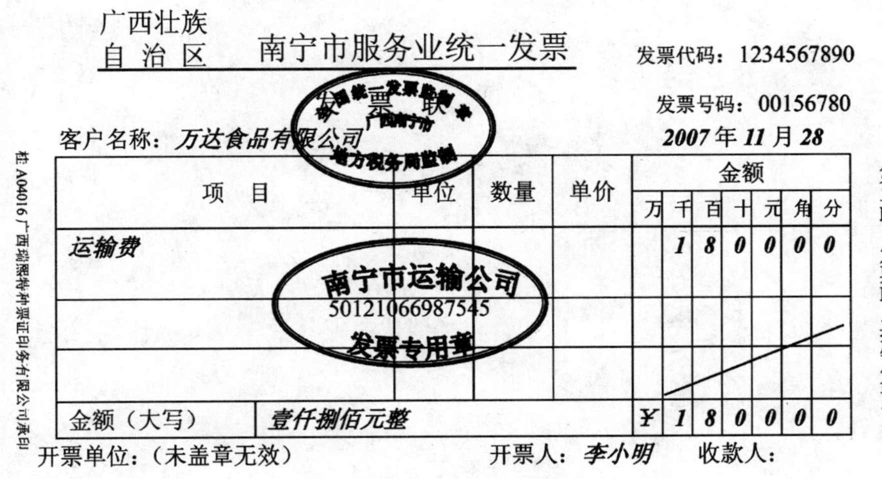

广西壮族自治区　南宁市服务业统一发票　　发票代码：1234567890

发　票　联　　发票号码：00156780

客户名称：万达食品有限公司　　2007年11月28

项目	单位	数量	单价	金额 万	千	百	十	元	角	分
运输费					1	8	0	0	0	0
金额（大写）	壹仟捌佰元整			¥	1	8	0	0	0	0

开票单位：（未盖章无效）　　开票人：李小明　　收款人：

第二联：发票联（报销凭证）

桂 A04016 广西壮族自治区税务局监制印务有限公司承印

业务四十四　2007 年 11 月 28 日提取备用金 8 000 元。记账凭证附件：现金支票存根联。

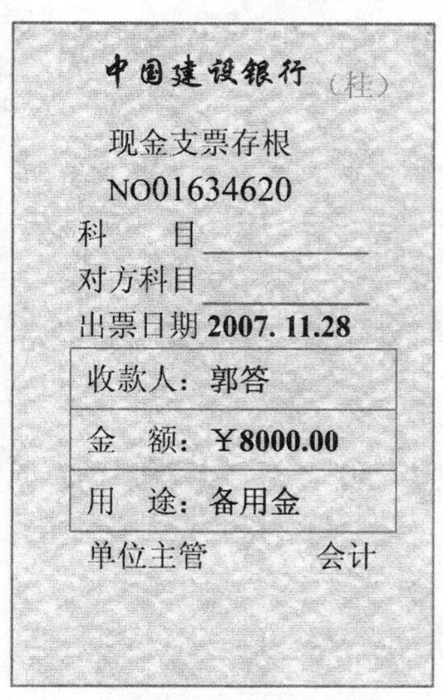

中国建设银行（桂）

现金支票存根

NO01634620

科　　目＿＿＿＿＿

对方科目＿＿＿＿＿

出票日期 **2007. 11.28**

收款人：郭答
金　额：**￥8000.00**
用　途：备用金

单位主管　　　会计

业务四十五　2007 年 11 月 28 日支付本月电话费 3 100 元。记账凭证附件：电话费发票、同城委托收款付款通知。

中国电信　南宁市本地网电信业务专用发票　桂 A　016

第二联：发票联

(05)ANo.4226714

受理编号：110170551　　*2007* 年 *11* 月 *28* 日

用户名称	*南宁万达食品有限公司*	电话号码	*3423567*
收费事由	*2007．11 月电信通信费*	流水号	*101110222231*
用户地址	*南宁市科园路 36 号*		
本月实收：0.00　上月预存：　本月话费：3100.00 往月欠费：0.00　违约金：0.00 月租费：352.00　市话费：1000.00　长话费：1500.00　本地网费：248.00			
合计(大写) *叁仟壹佰元整*		(小写)	***￥3100.00***

开票单位(盖章有效)　　开票人：*林勇*　　(手写无效)

广西瑞熙特种票证印务有限公司

此联为报销凭据

同城　　委托收款　凭证（付款通知）　5

委收号码：
第 **00098532** 号

付款期限　　年　月　日

委托日期：　***2007*** 年　***11*** 月　***28*** 日

付款人	全　称	*南宁市万达食品有限公司*	收款人	全　称	*广西南宁市电信公司*
	账号或地址	***3378239980***		账　号	***4504900762***
	开户银行	*建行南宁科园支行*		开户银行	*建行南宁共和路分理处*
委收金额	人民币（大写）：*叁仟壹佰元整*			￥ *3100.00*	
款项内容	支付 ***11*** 月份通讯费　附件　***1*** *张*				
备注：			付款单位注意： 1. 根据结算办法，上列委托收款，如在付款期限内未拒付时，即视同全部同意付款，以此联代付款通知。 2. 如需提前付款或多付款时，应另写书面通知送银行办理。 3. 如系全部或部份拒付，应在付款期内另填拒付款理由书送银行办理。		

中国建设银行南宁科园支行　高新分理处　07.11.28　转讫　(3)

此联付款人开户银行给付款人按期付款的通知

单位主管　　会计　　复核　　记账　　付款人开户行盖章

业务四十六　2007 年 11 月 27 日，支付本月电费 4 500 元。记账凭证附件：同城委托收款付款通知、电费发票。

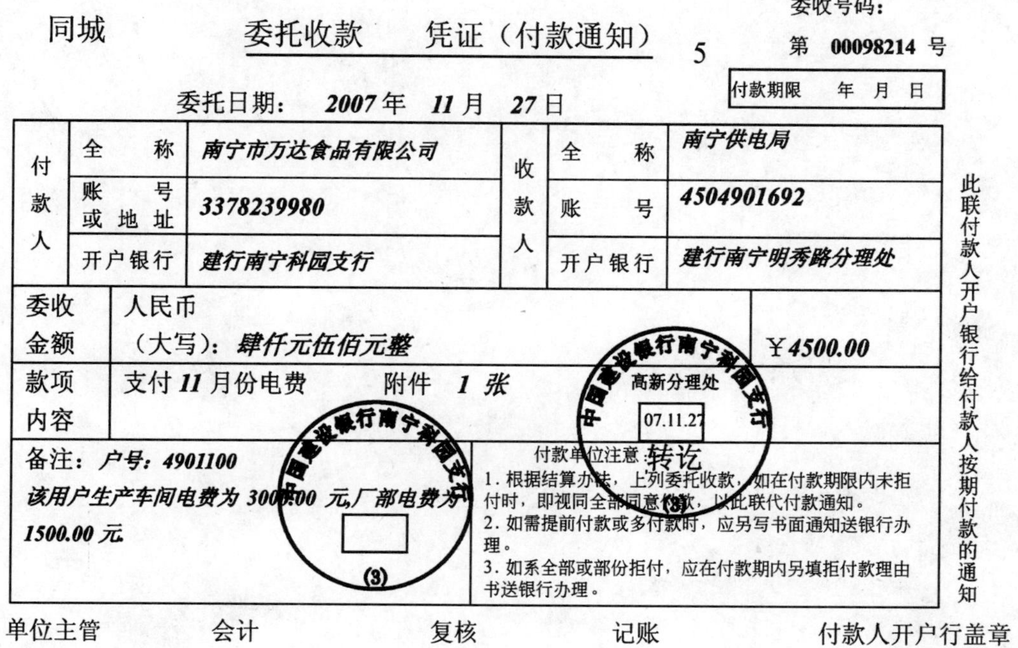

同城　　委托收款　凭证（付款通知）　5

委收号码：
第 **00098214** 号

付款期限　　年　月　日

委托日期：　***2007*** 年　***11*** 月　***27*** 日

付款人	全　称	*南宁市万达食品有限公司*	收款人	全　称	*南宁供电局*
	账号或地址	***3378239980***		账　号	***4504901692***
	开户银行	*建行南宁科园支行*		开户银行	*建行南宁明秀路分理处*
委收金额	人民币（大写）：*肆仟元伍佰元整*			￥*4500.00*	
款项内容	支付 ***11*** 月份电费　附件　***1*** *张*				
备注：*户号：4901100* *该用户生产车间电费为 3000.00 元，厂部电费为 1500.00 元*			付款单位注意： 1. 根据结算办法，上列委托收款，如在付款期限内未拒付时，即视同全部同意付款，以此联代付款通知。 2. 如需提前付款或多付款时，应另写书面通知送银行办理。 3. 如系全部或部份拒付，应在付款期内另填拒付款理由书送银行办理。		

中国建设银行南宁科园支行　高新分理处　07.11.27　转讫　(3)

此联付款人开户银行给付款人按期付款的通知

单位主管　　会计　　复核　　记账　　付款人开户行盖章

南宁供电局委托银行代受电费收据

单位全称: *南宁万达食品有限公司*

地址: *南宁市科园路36号* 日期: *2007*年*11*月 *27*日 户号:*49260150*

类别	本月抄见	电量(KW.H)	电费单价	电费(元)	燃机附加	新电还本(元)	电建基金(元)
生产车间		*0*	*0*	*3000.00*	*0.00*	*0.00*	*0.00*
厂部				*1500.00*			
合计				*4500.00*			

南宁供电局 委托收款专用章 附件

说明:1.用户更改全称、帐号请及时通知本局用电管理所 盖章 手续费: (元)迟纳金 (元)

2.如因存款不足而托收不到电费者，加收迟纳金，或停止供电 总应收金额: *4500.00*(元)

业务四十七 2007年11月29日，根据11月份的“固定资产折旧计算表”计提本月固定资产折旧费。记账凭证附件:固定资产折旧计算表。

固定资产折旧计算表

2007年11月29日

类别 使用部门	固定资产原值		年折旧率		本月折旧额	备注
	机器设备	房屋	机器设备	房屋		
生产车间用	4 000 000	2 000 000	6%	3.6%	26 000	
管理部门用	200 000	1 300 000	6%	3.6%	4 900	
合计	4 200 000	3 300 000			30 900	

会计主管:潘常江 复核:蔡铭 制表:宋丹

业务四十八 2007年11月30日，根据工资分配汇总表分配本月工资费用。记账凭证附件:工资分配汇总表。

工资分配汇总表

2007年11月 单位:元

车间部门 人员	基本生产车间	管理部门		合计
车间工人: 生产花生夹心饼 生产奶油蛋卷	 72 860.00 47 680.00			72 860.00 47 680.00
车间管理人员	12 660.00			12 660.00
行政管理人员		31 090.00		31 090.00
合计	133 200.00	31 090.00		164 290.00

会计主管:潘常江 复核:蔡铭 制表:宋丹

业务四十九　2007 年 11 月 30 日，计提并支付本月养老保险等。（按工资总额 20%计提养老保险，6%失业保险，2%工伤保险，1%生育保险，8%基本医疗保险，费用列支渠道与工资分配一致。）记账凭证附件：行政事业单位收款收据、同城委托收款付款通知。

广西壮族自治区事业性收费统一收据　　桂 O（07）No: 12348941

2007 年 11 月 30 日

今收到南宁市万达食品有限公司　　交来 2007 年 11 月职工社会保险费

人民币（大写）陆万零仟柒佰捌拾柒元叁角零分　　￥60787.30

大

此　据

单位缴纳

备注：　　收款方式：转账收讫

说明：本收款收据适用于社会各单位征缴职工养老保险等社会保险费款项。

南宁市社会劳动保险事业管理所 财务专用章

收款单位(公章)　　财务主管(章) 刘红　　收款人(章)王小清

广西壮族自治区社会保险基金委托收款专用凭证（付款通知）

⑤　托收号码：

委托日期：2007 年 11 月 30 日　　第 189875 号

付款人	全称	南宁万达食品有限公司	收款人	全称	南宁市基本养老保险基金收入专户
	账号	3378239980		账号	2102116009265190049
	开户行	中国建设银行南宁科园支行		开户行	南宁市工行东葛分理处
委收金额	人民币（大写）陆万零柒佰捌拾柒元叁角零分			人民币（小写）60787.30	

缴费项目	缴费期限	缴费人数	单位缴费金额	个人缴费金额	合计
养老保险	2007.11.01-2007.11.30	86	32858.00		
失业保险	2007.11.01-2007.11.30	86	9857.40		
工伤保险	2007.11.01-2007.11.30	86	3285.80		
生育保险	2007.11.01-2007.11.30	86	1642.90		
医疗保险	2007.11.01-2007.11.30	86	13143.20		

备注：缴费基数：

164290×37%

根据国家有关规定，上列托收款已在你方账户内支付。

（付款人开户行盖章）

中国建设银行南宁科园支行 高新分理处 07.11.30 转讫 (3)

此联是付款人开户行通知付款人付款的通知

会计主管　　复核　　记账　黄小芳

业务五十　2007 年 11 月 30 日，预提应由本月负担的银行短期借款利息 9 000 元。记账凭证附件：利息计算表。

利息费用计算表

2007 年 11 月 30 日

项　　目		金　　额
本季度已预提利息支出数	本季度第 1 个月（10 月份）	5 000.00
	本季度第 2 个月（11 月份）	9 000.00
	小计	14 000.00
本季度短期借款利息实际支付数		
本月份应负担的利息数		9 000.00

会计主管：潘常江　　复核：蔡铭　　制表：宋丹

业务五十一　2007 年 11 月 30 日，归集和分配本月发生的制造费用（按生产工时比例分配）。记账凭证附件：制造费用分配表（需计算）。

制造费用分配表

2007 年 11 月 30 日　　单位：元

费用分配 / 产品	工时	分配率	分配金额
花生夹心饼	131 093		
奶油蛋卷	87 395.4		
合计	218 488.4		

会计主管：潘常江　　复核：蔡铭　　制表：宋丹

业务五十二　2007 年 11 月 30 日结转本月完工产品成本。（花生夹心饼期初在产品 5 000 箱，本月投产 20 000 箱，共完工 21 000 箱；奶油蛋卷期初在产品 3 000 箱，本月投产 12 000 箱，共完工 10 000 箱；所有产品移交成品仓库，在产品下月继续加工。）花生夹心饼在产品成本如下：直接材料 24 398 元 直接人工 6 590.20 元 制造费用 5 910.50 元

奶粉蛋卷在产品成本如下：直接材料 12 012 元 直接人工 4 658.60 元 制造费用 2 844.70 元

记账凭证附件：产品成本计算单（分产品填写，共 2 张）；产品交库单（16 日已交库一部分）。

产品成本计算单

产品名称：　　2007 年 11 月 30 日

成本项目	月初在产品成本	本月发生生产费用	生产费用合计	完工产品产量	完工产品总成本	单位成本	月末在产品成本
直接材料							
直接人工							
制造费用							
合计							

主管：　　审核：　　制表：

产品成本计算单

产品名称：　　　　　　　　2007 年 11 月 30 日

成本项目	月初在产品成本	本月发生生产费用	生产费用合计	完工产品产量	完工产品总成本	单位成本	月末在产品成本
直接材料							
直接人工							
制造费用							
合计							

主管：　　　　　　　　审核：　　　　　　　　制表：

产品交库单

部门：生产车间　　　　　　2007 年 11 月 30 日

产品			单位	数量	单位成本	成本总额								产品明细账		说明
编号	名称	规格				十	万	千	百	十	元	角	分	号	页	
	花生夹心饼		箱	11 300												
	奶油蛋卷		箱	4 000												
备注：16 日已交库一部分		验收人签章			合计											

第三联　会计

制单人：童小明

业务五十三　2007 年 11 月 30 日，结转本月销售的奶油、白砂糖的销售成本（根据出仓单汇总）。

材料销售汇总表

2007 年 11 月 30 日

材料名称	计量单位	数量	单位成本	总成本
奶油				
白砂糖				
合计				

主管：　　　　　　　　审核：　　　　　　　　制表：

业务五十四　2007 年 11 月 30 日，结转本月已售产品的销售成本（根据出仓单汇总）。记账凭证附件：产品出库汇总表、产品销售成本计算表。

产品出库汇总表

年　　月

出库日期 / 产品名称	1日—10日	11日—20日	21日—30日	合计
花生夹心饼				
奶油蛋卷				
出库原因	销售			

主管：　　　　审核：　　　　制表：

产品销售成本计算表

年　　月

产品名称	计量单位	销售数量	单位成本	总成本
花生夹心饼				
奶油蛋卷				
合计				

主管：　　　　审核：　　　　制表：

业务五十五　2007年11月30日计算本月应缴纳的城市维护建设税、教育费附加(以增值税作为计税依据,假设没有其他税种)。记账凭证附件:产品销售税金计算表(需填数字)。

产品销售税金及附加计算表

2007年11月　　　　单位:元

纳税项目	计税基数	税率	纳税额
城市维护建设税		7%	
教育费附加		3%	
合计			

主管：　　　　审核：　　　　制表：

业务五十六　2007年11月30日结转其他的损益类账户。记账凭证附件:本月损益类账户净发生额表(需根据损益类账户计算填列)。

本月损益类账户净发生额

2007年11月

总账账户	本月净发生额	总账账户	本月净发生额
主营业务成本		主营业务收入	
主营业务税金及附加		其他业务收入	
销售费用		营业外收入	
管理费用			
财务费用			
其他业务成本			
营业外支出			
合计		合计	

主管：　　　　审核：　　　　制表：

业务五十七　2007年11月30日计算本月所得税费用。记账凭证附件:应交所得税计算表(假设无其他纳税调整项目,根据本月利润总额计算)。

应交所得税计算表

2007年11月

本月利润总额	可调整额	应纳税所得额	所得税税率	本期应纳所得税
	无			

主管：　　　　审核：　　　　制表：

业务五十八　2007年11月30日结转本月所得税费用。

第四章　实验所需空白证、账、表

一、通用记账凭证

记 账 凭 证

年 月 日　　　　　　　　　　　　　　　　＿字第　　　号

摘要	借方		金额										√	贷方		金额										√
	科目	子细目	千	百	十	万	千	百	十	元	角	分		科目	子细目	千	百	十	万	千	百	十	元	角	分	
	合计													合计												

附单据　　张

会计主管　　　记账　　　复核　　　出纳　　　制单

记 账 凭 证

年 月 日　　　　　　　　　　　　　　　　＿字第　　　号

摘要	借方		金额										√	贷方		金额										√
	科目	子细目	千	百	十	万	千	百	十	元	角	分		科目	子细目	千	百	十	万	千	百	十	元	角	分	
	合计													合计												

附单据　　张

会计主管　　　记账　　　复核　　　出纳　　　制单

记 账 凭 证

年 月 日 ___字第 号

摘要	借方		金额										√	贷方		金额										√
	科目	子细目	千	百	十	万	千	百	十	元	角	分		科目	子细目	千	百	十	万	千	百	十	元	角	分	
	合计													合计												

附单据 张

会计主管 记账 复核 出纳 制单

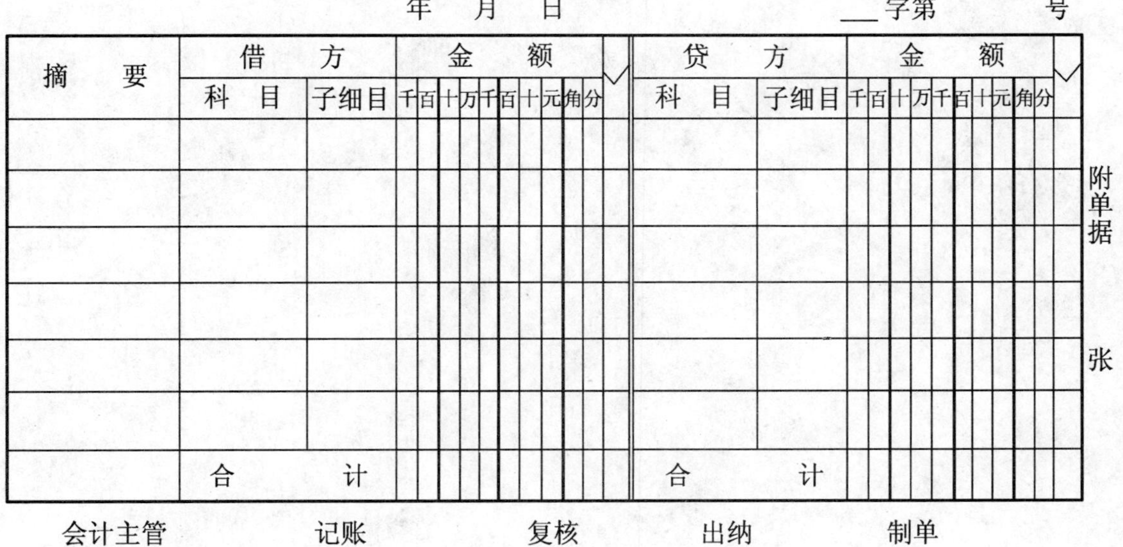

记 账 凭 证

年 月 日 ___字第 号

摘要	借方		金额										√	贷方		金额										√
	科目	子细目	千	百	十	万	千	百	十	元	角	分		科目	子细目	千	百	十	万	千	百	十	元	角	分	
	合计													合计												

附单据 张

会计主管 记账 复核 出纳 制单

记账凭证

年 月 日　　　　　　　　　　　　　　　　＿字第　　　号

摘要	借方		金额										√	贷方		金额										√
	科目	子细目	千	百	十	万	千	百	十	元	角	分		科目	子细目	千	百	十	万	千	百	十	元	角	分	
	合计													合计												

附单据　　张

会计主管　　　记账　　　复核　　　出纳　　　制单

记账凭证

年 月 日　　　　　　　　　　　　　　　　＿字第　　　号

摘要	借方		金额										√	贷方		金额										√
	科目	子细目	千	百	十	万	千	百	十	元	角	分		科目	子细目	千	百	十	万	千	百	十	元	角	分	
	合计													合计												

附单据　　张

会计主管　　　记账　　　复核　　　出纳　　　制单

记账凭证

年 月 日　　　　　　　　　　　　　　　　___字第　　　　号

摘要	借方		金额										√	贷方		金额										√
	科目	子细目	千	百	十	万	千	百	十	元	角	分		科目	子细目	千	百	十	万	千	百	十	元	角	分	
	合计													合计												

附单据　　张

会计主管　　　　记账　　　　复核　　　　出纳　　　　制单

记账凭证

年 月 日　　　　　　　　　　　　　　　　___字第　　　　号

摘要	借方		金额										√	贷方		金额										√
	科目	子细目	千	百	十	万	千	百	十	元	角	分		科目	子细目	千	百	十	万	千	百	十	元	角	分	
	合计													合计												

附单据　　张

会计主管　　　　记账　　　　复核　　　　出纳　　　　制单

记账凭证

年　月　日　　　　　　　　___字第　　　号

摘要	借方		金额										✓	贷方		金额										✓
	科目	子细目	千	百	十	万	千	百	十	元	角	分		科目	子细目	千	百	十	万	千	百	十	元	角	分	
	合计													合计												

附单据　　张

会计主管　　记账　　复核　　出纳　　制单

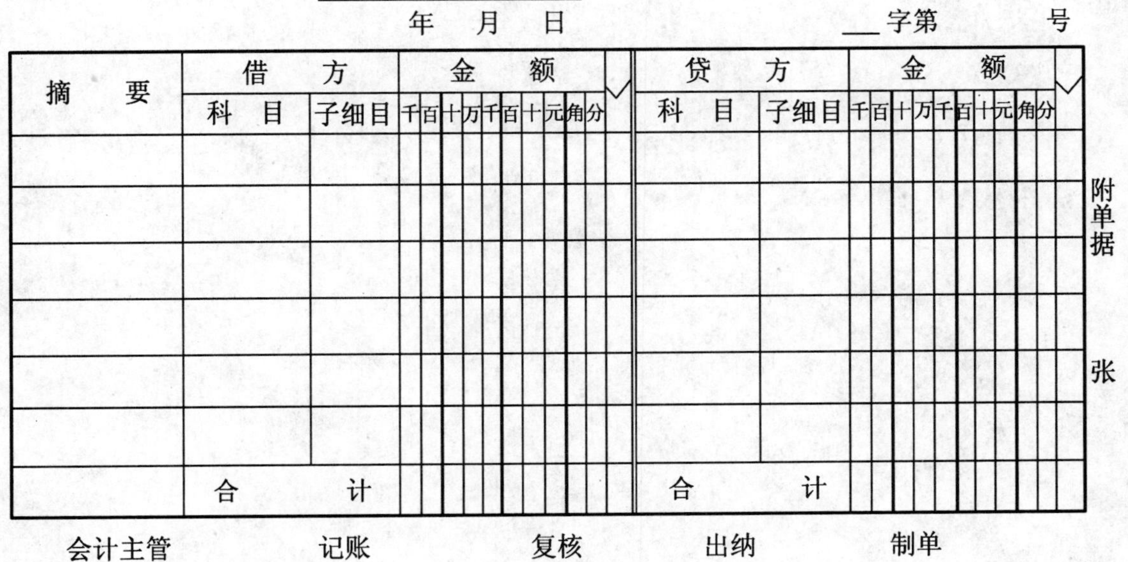

记账凭证

年　月　日　　　　　　　　___字第　　　号

摘要	借方		金额										✓	贷方		金额										✓
	科目	子细目	千	百	十	万	千	百	十	元	角	分		科目	子细目	千	百	十	万	千	百	十	元	角	分	
	合计													合计												

附单据　　张

会计主管　　记账　　复核　　出纳　　制单

记账凭证

年　月　日　　　　　　　　　　　　　　　___字第　　　号

摘　要	借　方		金　额										✓	贷　方		金　额										✓
	科　目	子细目	千	百	十	万	千	百	十	元	角	分		科　目	子细目	千	百	十	万	千	百	十	元	角	分	
	合　计													合　计												

附单据　　张

会计主管　　　　记账　　　　复核　　　　出纳　　　　制单

记账凭证

年　月　日　　　　　　　　　　　　　　　___字第　　　号

摘　要	借　方		金　额										✓	贷　方		金　额										✓
	科　目	子细目	千	百	十	万	千	百	十	元	角	分		科　目	子细目	千	百	十	万	千	百	十	元	角	分	
	合　计													合　计												

附单据　　张

会计主管　　　　记账　　　　复核　　　　出纳　　　　制单

记账凭证

年　月　日　　　　　　　　　　　　　　　　　　＿字第　　　号

摘要	借方		金额										√	贷方		金额										√
	科目	子细目	千	百	十	万	千	百	十	元	角	分		科目	子细目	千	百	十	万	千	百	十	元	角	分	
	合计													合计												

附单据　　张

会计主管　　　　记账　　　　复核　　　　出纳　　　　制单

记账凭证

年　月　日　　　　　　　　　　　　　　　　　　＿字第　　　号

摘要	借方		金额										√	贷方		金额										√
	科目	子细目	千	百	十	万	千	百	十	元	角	分		科目	子细目	千	百	十	万	千	百	十	元	角	分	
	合计													合计												

附单据　　张

会计主管　　　　记账　　　　复核　　　　出纳　　　　制单

记账凭证

年 月 日 ___字第 号

摘要	借方		金额											贷方		金额										
	科目	子细目	千	百	十	万	千	百	十	元	角	分	√	科目	子细目	千	百	十	万	千	百	十	元	角	分	√
	合计													合计												

附单据 张

会计主管 记账 复核 出纳 制单

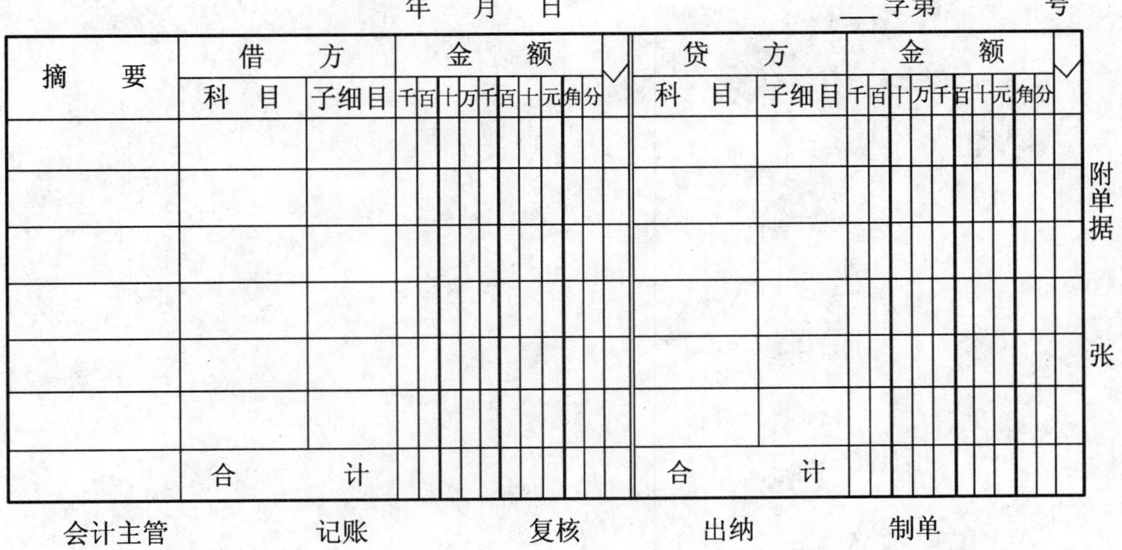

记账凭证

年 月 日 ___字第 号

摘要	借方		金额											贷方		金额										
	科目	子细目	千	百	十	万	千	百	十	元	角	分	√	科目	子细目	千	百	十	万	千	百	十	元	角	分	√
	合计													合计												

附单据 张

会计主管 记账 复核 出纳 制单

记账凭证

年　月　日　　　　　　　　　　　　____字第　　　号

摘要	借方		金额										√	贷方		金额										√
	科目	子细目	千	百	十	万	千	百	十	元	角	分		科目	子细目	千	百	十	万	千	百	十	元	角	分	
	合计													合计												

附单据　　张

会计主管　　　　记账　　　　复核　　　　出纳　　　　制单

记账凭证

年　月　日　　　　　　　　　　　　____字第　　　号

摘要	借方		金额										√	贷方		金额										√
	科目	子细目	千	百	十	万	千	百	十	元	角	分		科目	子细目	千	百	十	万	千	百	十	元	角	分	
	合计													合计												

附单据　　张

会计主管　　　　记账　　　　复核　　　　出纳　　　　制单

记账凭证

年 月 日 ___字第 号

摘要	借方		金额										✓	贷方		金额										✓
	科目	子细目	千	百	十	万	千	百	十	元	角	分		科目	子细目	千	百	十	万	千	百	十	元	角	分	
	合计													合计												

附单据 张

会计主管 记账 复核 出纳 制单

记账凭证

年 月 日 ___字第 号

摘要	借方		金额										✓	贷方		金额										✓
	科目	子细目	千	百	十	万	千	百	十	元	角	分		科目	子细目	千	百	十	万	千	百	十	元	角	分	
	合计													合计												

附单据 张

会计主管 记账 复核 出纳 制单

记 账 凭 证

年　月　日　　　　　　　　　　　　　　___字第　　　号

摘　要	借　方		金　额										✓	贷　方		金　额										✓
	科　目	子细目	千	百	十	万	千	百	十	元	角	分		科　目	子细目	千	百	十	万	千	百	十	元	角	分	
	合　计													合　计												

附单据　张

会计主管　　　记账　　　复核　　　出纳　　　制单

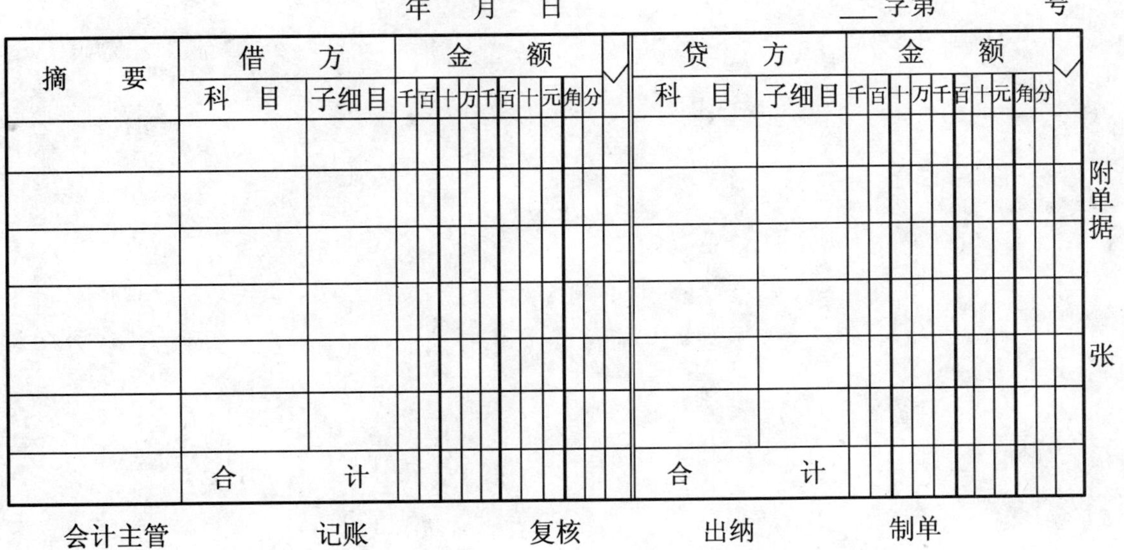

记 账 凭 证

年　月　日　　　　　　　　　　　　　　___字第　　　号

摘　要	借　方		金　额										✓	贷　方		金　额										✓
	科　目	子细目	千	百	十	万	千	百	十	元	角	分		科　目	子细目	千	百	十	万	千	百	十	元	角	分	
	合　计													合　计												

附单据　张

会计主管　　　记账　　　复核　　　出纳　　　制单

记账凭证

年 月 日　　　　　　　　　　　　　　　　____字第　　　　号

摘要	借方		金额										✓	贷方		金额										✓
	科目	子细目	千	百	十	万	千	百	十	元	角	分		科目	子细目	千	百	十	万	千	百	十	元	角	分	
	合计													合计												

附单据　　张

会计主管　　　　记账　　　　复核　　　　出纳　　　　制单

记账凭证

年 月 日　　　　　　　　　　　　　　　　____字第　　　　号

摘要	借方		金额										✓	贷方		金额										✓
	科目	子细目	千	百	十	万	千	百	十	元	角	分		科目	子细目	千	百	十	万	千	百	十	元	角	分	
	合计													合计												

附单据　　张

会计主管　　　　记账　　　　复核　　　　出纳　　　　制单

记账凭证

年 月 日　　　　　　　　　　　　___字第　　　号

摘要	借方		金额										√	贷方		金额										√
	科目	子细目	千	百	十	万	千	百	十	元	角	分		科目	子细目	千	百	十	万	千	百	十	元	角	分	
	合计													合计												

附单据　张

会计主管　　　记账　　　复核　　　出纳　　　制单

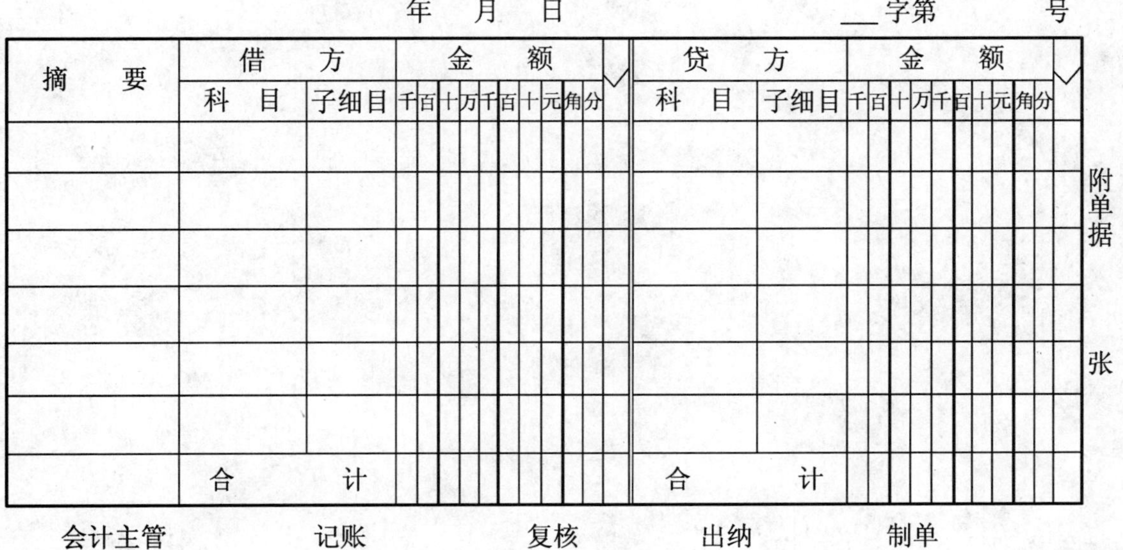

记账凭证

年 月 日　　　　　　　　　　　　___字第　　　号

摘要	借方		金额										√	贷方		金额										√
	科目	子细目	千	百	十	万	千	百	十	元	角	分		科目	子细目	千	百	十	万	千	百	十	元	角	分	
	合计													合计												

附单据　张

会计主管　　　记账　　　复核　　　出纳　　　制单

记账凭证

年 月 日　　　　　　　　　　　　　　　　　　　　___字第 号

摘要	借方		金额										✓	贷方		金额										✓
	科目	子细目	千	百	十	万	千	百	十	元	角	分		科目	子细目	千	百	十	万	千	百	十	元	角	分	
	合计													合计												

附单据 张

会计主管　　　　记账　　　　复核　　　　出纳　　　　制单

记账凭证

年 月 日　　　　　　　　　　　　　　　　　　　　___字第 号

摘要	借方		金额										✓	贷方		金额										✓
	科目	子细目	千	百	十	万	千	百	十	元	角	分		科目	子细目	千	百	十	万	千	百	十	元	角	分	
	合计													合计												

附单据 张

会计主管　　　　记账　　　　复核　　　　出纳　　　　制单

记 账 凭 证

年　月　日　　　　　　　　　　　　____字第　　　　号

摘要	借方		金额										√	贷方		金额										√
	科目	子细目	千	百	十	万	千	百	十	元	角	分		科目	子细目	千	百	十	万	千	百	十	元	角	分	
	合计													合计												

附单据　张

会计主管　　记账　　复核　　出纳　　制单

记 账 凭 证

年　月　日　　　　　　　　　　　　____字第　　　　号

摘要	借方		金额										√	贷方		金额										√
	科目	子细目	千	百	十	万	千	百	十	元	角	分		科目	子细目	千	百	十	万	千	百	十	元	角	分	
	合计													合计												

附单据　张

会计主管　　记账　　复核　　出纳　　制单

记账凭证

年 月 日 ___字第 号

摘要	借方		金额										✓	贷方		金额										✓
	科目	子细目	千	百	十	万	千	百	十	元	角	分		科目	子细目	千	百	十	万	千	百	十	元	角	分	
	合计													合计												

附单据 张

会计主管 记账 复核 出纳 制单

记账凭证

年 月 日 ___字第 号

摘要	借方		金额										✓	贷方		金额										✓
	科目	子细目	千	百	十	万	千	百	十	元	角	分		科目	子细目	千	百	十	万	千	百	十	元	角	分	
	合计													合计												

附单据 张

会计主管 记账 复核 出纳 制单

记账凭证

年 月 日 ___字第 号

摘要	借方		金额										✓	贷方		金额										✓
	科目	子细目	千	百	十	万	千	百	十	元	角	分		科目	子细目	千	百	十	万	千	百	十	元	角	分	
	合计													合计												

附单据 张

会计主管 记账 复核 出纳 制单

记账凭证

年 月 日 ___字第 号

摘要	借方		金额										✓	贷方		金额										✓
	科目	子细目	千	百	十	万	千	百	十	元	角	分		科目	子细目	千	百	十	万	千	百	十	元	角	分	
	合计													合计												

附单据 张

会计主管 记账 复核 出纳 制单

记账凭证

年 月 日 ___字第 号

摘要	借方		金额										√	贷方		金额										√
	科目	子细目	千	百	十	万	千	百	十	元	角	分		科目	子细目	千	百	十	万	千	百	十	元	角	分	
	合计													合计												

附单据 张

会计主管 记账 复核 出纳 制单

记账凭证

年 月 日 ___字第 号

摘要	借方		金额										√	贷方		金额										√
	科目	子细目	千	百	十	万	千	百	十	元	角	分		科目	子细目	千	百	十	万	千	百	十	元	角	分	
	合计													合计												

附单据 张

会计主管 记账 复核 出纳 制单

记账凭证

年　月　日　　　　　　　　　　　　　　　　　字第　　　号

摘要	借方		金额										✓	贷方		金额										✓
	科目	子细目	千	百	十	万	千	百	十	元	角	分		科目	子细目	千	百	十	万	千	百	十	元	角	分	
	合计													合计												

附单据　张

会计主管　　　记账　　　复核　　　出纳　　　制单

记账凭证

年　月　日　　　　　　　　　　　　　　　　　字第　　　号

摘要	借方		金额										✓	贷方		金额										✓
	科目	子细目	千	百	十	万	千	百	十	元	角	分		科目	子细目	千	百	十	万	千	百	十	元	角	分	
	合计													合计												

附单据　张

会计主管　　　记账　　　复核　　　出纳　　　制单

记账凭证

年　月　日　　　　　　　　　　　　___字第　　　号

摘要	借方		金额										√	贷方		金额										√
	科目	子细目	千	百	十	万	千	百	十	元	角	分		科目	子细目	千	百	十	万	千	百	十	元	角	分	
	合计													合计												

附单据　　张

会计主管　　　　记账　　　　复核　　　　出纳　　　　制单

记账凭证

年　月　日　　　　　　　　　　　　___字第　　　号

摘要	借方		金额										√	贷方		金额										√
	科目	子细目	千	百	十	万	千	百	十	元	角	分		科目	子细目	千	百	十	万	千	百	十	元	角	分	
	合计													合计												

附单据　　张

会计主管　　　　记账　　　　复核　　　　出纳　　　　制单

记账凭证

年　月　日　　　　　　　　　　　　　　　　___字第　　　号

摘要	借方		金额										✓	贷方		金额										✓
	科目	子细目	千	百	十	万	千	百	十	元	角	分		科目	子细目	千	百	十	万	千	百	十	元	角	分	
	合计													合计												

附单据　　张

会计主管　　　记账　　　复核　　　出纳　　　制单

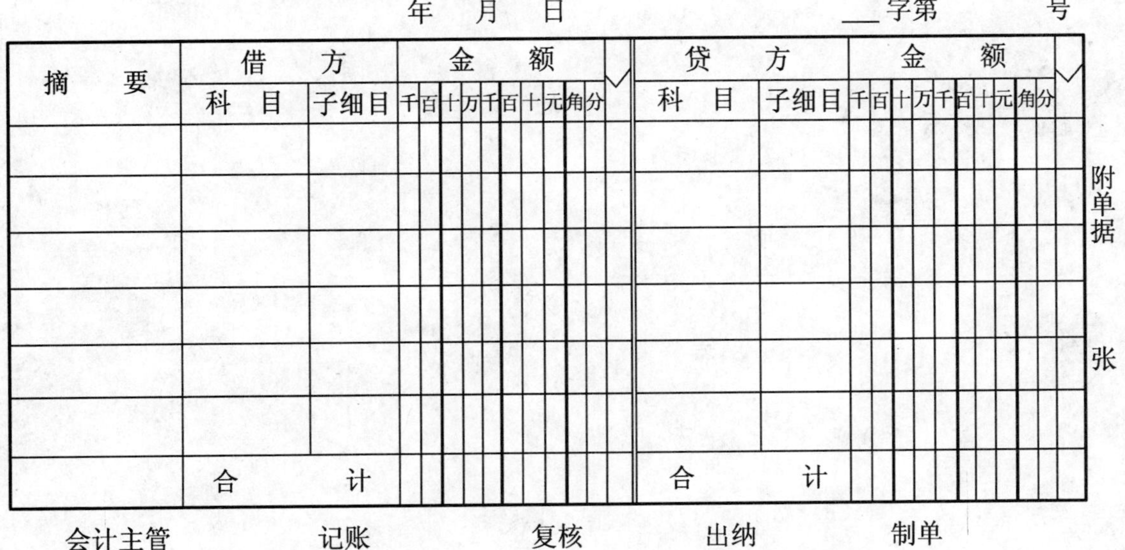

记账凭证

年　月　日　　　　　　　　　　　　　　　　___字第　　　号

摘要	借方		金额										✓	贷方		金额										✓
	科目	子细目	千	百	十	万	千	百	十	元	角	分		科目	子细目	千	百	十	万	千	百	十	元	角	分	
	合计													合计												

附单据　　张

会计主管　　　记账　　　复核　　　出纳　　　制单

记账凭证

年　月　日　　　　　　　　　　　　___字第　　　号

摘要	借方		金额										✓	贷方		金额										✓
	科目	子细目	千	百	十	万	千	百	十	元	角	分		科目	子细目	千	百	十	万	千	百	十	元	角	分	
	合计													合计												

附单据　　张

会计主管　　　　记账　　　　复核　　　　出纳　　　　制单

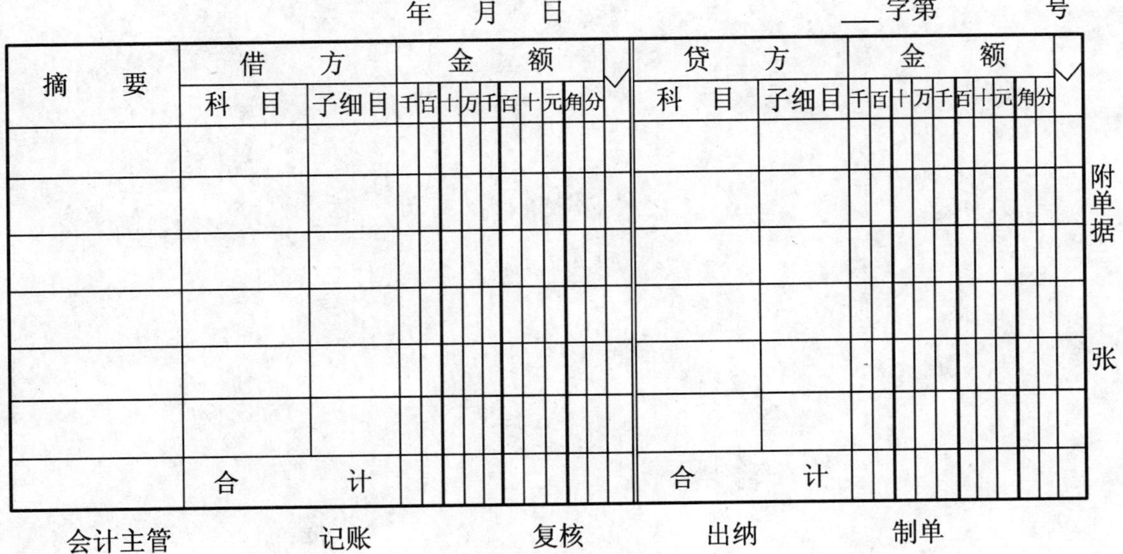

记账凭证

年　月　日　　　　　　　　　　　　___字第　　　号

摘要	借方		金额										✓	贷方		金额										✓
	科目	子细目	千	百	十	万	千	百	十	元	角	分		科目	子细目	千	百	十	万	千	百	十	元	角	分	
	合计													合计												

附单据　　张

会计主管　　　　记账　　　　复核　　　　出纳　　　　制单

记账凭证

年 月 日　　　　　　　　　　　　___字第　　　号

<table>
<tr><td rowspan="2">摘 要</td><td colspan="2">借 方</td><td colspan="9">金 额</td><td rowspan="2">√</td><td colspan="2">贷 方</td><td colspan="9">金 额</td><td rowspan="2">√</td></tr>
<tr><td>科 目</td><td>子细目</td><td>千</td><td>百</td><td>十</td><td>万</td><td>千</td><td>百</td><td>十</td><td>元</td><td>角</td><td>分</td><td>科 目</td><td>子细目</td><td>千</td><td>百</td><td>十</td><td>万</td><td>千</td><td>百</td><td>十</td><td>元</td><td>角</td><td>分</td></tr>
<tr><td></td><td></td><td></td><td></td><td></td><td></td><td></td><td></td><td></td><td></td><td></td><td></td><td></td><td></td><td></td><td></td><td></td><td></td><td></td><td></td><td></td><td></td><td></td><td></td><td></td></tr>
<tr><td></td><td></td><td></td><td></td><td></td><td></td><td></td><td></td><td></td><td></td><td></td><td></td><td></td><td></td><td></td><td></td><td></td><td></td><td></td><td></td><td></td><td></td><td></td><td></td><td></td></tr>
<tr><td></td><td></td><td></td><td></td><td></td><td></td><td></td><td></td><td></td><td></td><td></td><td></td><td></td><td></td><td></td><td></td><td></td><td></td><td></td><td></td><td></td><td></td><td></td><td></td><td></td></tr>
<tr><td></td><td></td><td></td><td></td><td></td><td></td><td></td><td></td><td></td><td></td><td></td><td></td><td></td><td></td><td></td><td></td><td></td><td></td><td></td><td></td><td></td><td></td><td></td><td></td><td></td></tr>
<tr><td></td><td></td><td></td><td></td><td></td><td></td><td></td><td></td><td></td><td></td><td></td><td></td><td></td><td></td><td></td><td></td><td></td><td></td><td></td><td></td><td></td><td></td><td></td><td></td><td></td></tr>
<tr><td></td><td></td><td></td><td></td><td></td><td></td><td></td><td></td><td></td><td></td><td></td><td></td><td></td><td></td><td></td><td></td><td></td><td></td><td></td><td></td><td></td><td></td><td></td><td></td><td></td></tr>
<tr><td></td><td colspan="2">合 计</td><td></td><td></td><td></td><td></td><td></td><td></td><td></td><td></td><td></td><td></td><td colspan="2">合 计</td><td></td><td></td><td></td><td></td><td></td><td></td><td></td><td></td><td></td><td></td></tr>
</table>

附单据　　张

会计主管　　记账　　复核　　出纳　　制单

记账凭证

年 月 日　　　　　　　　　　　　___字第　　　号

<table>
<tr><td rowspan="2">摘 要</td><td colspan="2">借 方</td><td colspan="9">金 额</td><td rowspan="2">√</td><td colspan="2">贷 方</td><td colspan="9">金 额</td><td rowspan="2">√</td></tr>
<tr><td>科 目</td><td>子细目</td><td>千</td><td>百</td><td>十</td><td>万</td><td>千</td><td>百</td><td>十</td><td>元</td><td>角</td><td>分</td><td>科 目</td><td>子细目</td><td>千</td><td>百</td><td>十</td><td>万</td><td>千</td><td>百</td><td>十</td><td>元</td><td>角</td><td>分</td></tr>
<tr><td></td><td></td><td></td><td></td><td></td><td></td><td></td><td></td><td></td><td></td><td></td><td></td><td></td><td></td><td></td><td></td><td></td><td></td><td></td><td></td><td></td><td></td><td></td><td></td><td></td></tr>
<tr><td></td><td></td><td></td><td></td><td></td><td></td><td></td><td></td><td></td><td></td><td></td><td></td><td></td><td></td><td></td><td></td><td></td><td></td><td></td><td></td><td></td><td></td><td></td><td></td><td></td></tr>
<tr><td></td><td></td><td></td><td></td><td></td><td></td><td></td><td></td><td></td><td></td><td></td><td></td><td></td><td></td><td></td><td></td><td></td><td></td><td></td><td></td><td></td><td></td><td></td><td></td><td></td></tr>
<tr><td></td><td></td><td></td><td></td><td></td><td></td><td></td><td></td><td></td><td></td><td></td><td></td><td></td><td></td><td></td><td></td><td></td><td></td><td></td><td></td><td></td><td></td><td></td><td></td><td></td></tr>
<tr><td></td><td></td><td></td><td></td><td></td><td></td><td></td><td></td><td></td><td></td><td></td><td></td><td></td><td></td><td></td><td></td><td></td><td></td><td></td><td></td><td></td><td></td><td></td><td></td><td></td></tr>
<tr><td></td><td></td><td></td><td></td><td></td><td></td><td></td><td></td><td></td><td></td><td></td><td></td><td></td><td></td><td></td><td></td><td></td><td></td><td></td><td></td><td></td><td></td><td></td><td></td><td></td></tr>
<tr><td></td><td colspan="2">合 计</td><td></td><td></td><td></td><td></td><td></td><td></td><td></td><td></td><td></td><td></td><td colspan="2">合 计</td><td></td><td></td><td></td><td></td><td></td><td></td><td></td><td></td><td></td><td></td></tr>
</table>

附单据　　张

会计主管　　记账　　复核　　出纳　　制单

记账凭证

年 月 日　　　　___字第　　号

摘要	借方		金额										√	贷方		金额										√
	科目	子细目	千	百	十	万	千	百	十	元	角	分		科目	子细目	千	百	十	万	千	百	十	元	角	分	
	合计													合计												

附单据　张

会计主管　　　记账　　　复核　　　出纳　　　制单

记账凭证

年 月 日　　　　___字第　　号

摘要	借方		金额										√	贷方		金额										√
	科目	子细目	千	百	十	万	千	百	十	元	角	分		科目	子细目	千	百	十	万	千	百	十	元	角	分	
	合计													合计												

附单据　张

会计主管　　　记账　　　复核　　　出纳　　　制单

记 账 凭 证

年　月　日　　　　　　　　　　　　　　　　___字第　　　号

摘　要	借　方		金　额										✓	贷　方		金　额										✓
	科　目	子细目	千	百	十	万	千	百	十	元	角	分		科　目	子细目	千	百	十	万	千	百	十	元	角	分	
	合　计													合　计												

附单据　　张

会计主管　　　　记账　　　　复核　　　　出纳　　　　制单

记 账 凭 证

年　月　日　　　　　　　　　　　　　　　　___字第　　　号

摘　要	借　方		金　额										✓	贷　方		金　额										✓
	科　目	子细目	千	百	十	万	千	百	十	元	角	分		科　目	子细目	千	百	十	万	千	百	十	元	角	分	
	合　计													合　计												

附单据　　张

会计主管　　　　记账　　　　复核　　　　出纳　　　　制单

记账凭证

年 月 日　　　　___字第　　号

摘要	借方		金额										√	贷方		金额										√
	科目	子细目	千	百	十	万	千	百	十	元	角	分		科目	子细目	千	百	十	万	千	百	十	元	角	分	
	合计													合计												

附单据　张

会计主管　　记账　　复核　　出纳　　制单

记账凭证

年 月 日　　　　___字第　　号

摘要	借方		金额										√	贷方		金额										√
	科目	子细目	千	百	十	万	千	百	十	元	角	分		科目	子细目	千	百	十	万	千	百	十	元	角	分	
	合计													合计												

附单据　张

会计主管　　记账　　复核　　出纳　　制单

记账凭证

年 月 日 ___字第 号

摘要	借方		金额										√	贷方		金额										√
	科目	子细目	千	百	十	万	千	百	十	元	角	分		科目	子细目	千	百	十	万	千	百	十	元	角	分	
	合计													合计												

附单据 张

会计主管 记账 复核 出纳 制单

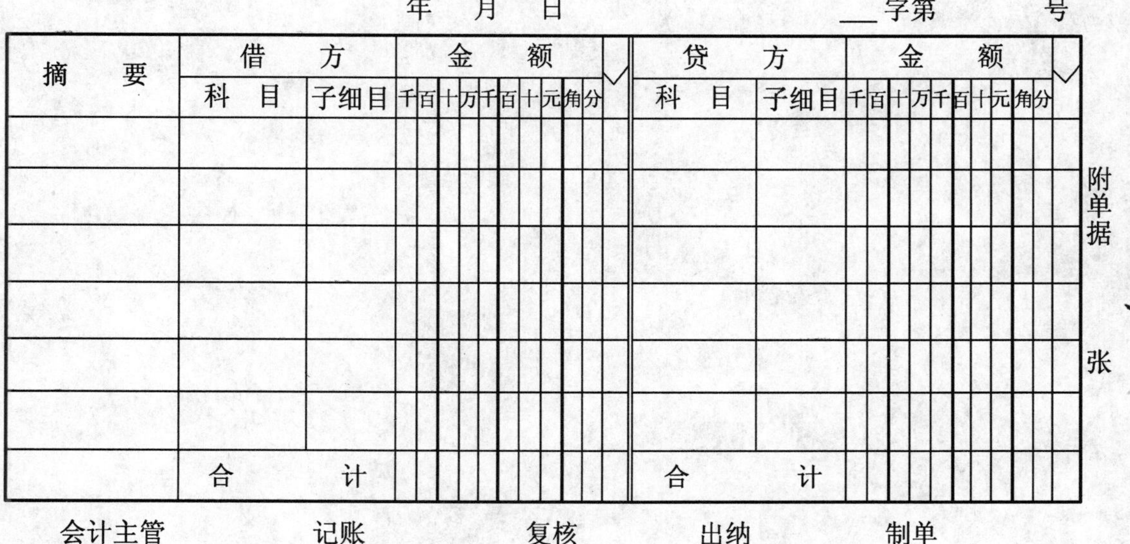

记账凭证

年 月 日 ___字第 号

摘要	借方		金额										√	贷方		金额										√
	科目	子细目	千	百	十	万	千	百	十	元	角	分		科目	子细目	千	百	十	万	千	百	十	元	角	分	
	合计													合计												

附单据 张

会计主管 记账 复核 出纳 制单

记账凭证

年 月 日 ___字第 号

摘要	借方		金额										✓	贷方		金额										✓
	科目	子细目	千	百	十	万	千	百	十	元	角	分		科目	子细目	千	百	十	万	千	百	十	元	角	分	
	合计													合计												

附单据 张

会计主管 记账 复核 出纳 制单

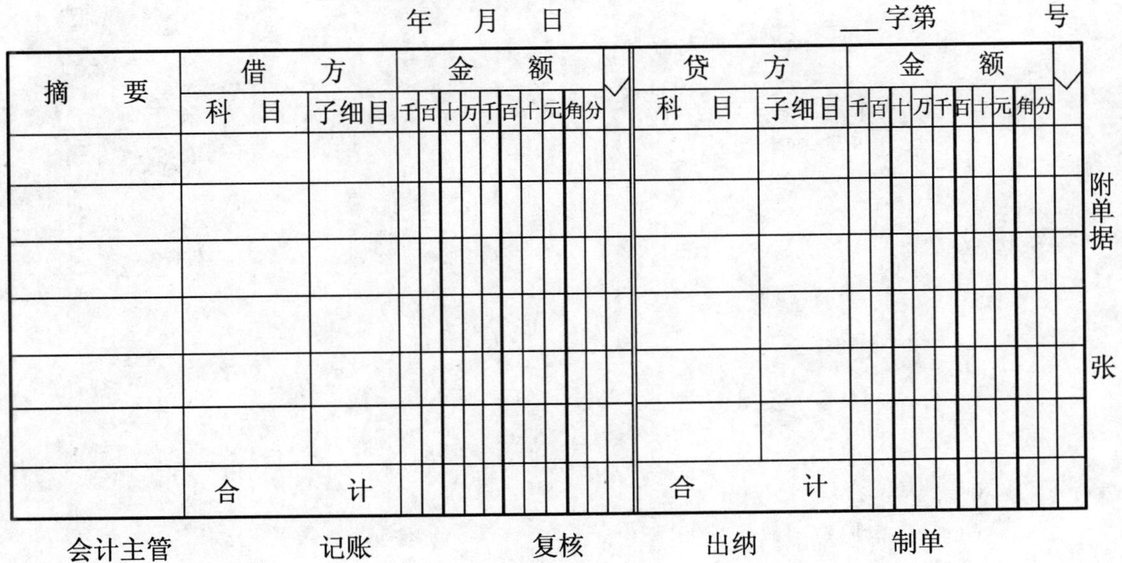

记账凭证

年 月 日 ___字第 号

摘要	借方		金额										✓	贷方		金额										✓
	科目	子细目	千	百	十	万	千	百	十	元	角	分		科目	子细目	千	百	十	万	千	百	十	元	角	分	
	合计													合计												

附单据 张

会计主管 记账 复核 出纳 制单

记账凭证

年　月　日　　　　　　　　　　　　＿字第　　　号

摘要	借方		金额										✓	贷方		金额										✓
	科目	子细目	千	百	十	万	千	百	十	元	角	分		科目	子细目	千	百	十	万	千	百	十	元	角	分	
	合计													合计												

附单据　张

会计主管　　记账　　复核　　出纳　　制单

记账凭证

年　月　日　　　　　　　　　　　　＿字第　　　号

摘要	借方		金额										✓	贷方		金额										✓
	科目	子细目	千	百	十	万	千	百	十	元	角	分		科目	子细目	千	百	十	万	千	百	十	元	角	分	
	合计													合计												

附单据　张

会计主管　　记账　　复核　　出纳　　制单

记账凭证

年　月　日　　　　　　　　　　　　　　　　___字第　　　　号

摘要	借方		金额										✓	贷方		金额										✓
	科目	子细目	千	百	十	万	千	百	十	元	角	分		科目	子细目	千	百	十	万	千	百	十	元	角	分	
	合计													合计												

附单据　　张

会计主管　　　　记账　　　　复核　　　　出纳　　　　制单

记账凭证

年　月　日　　　　　　　　　　　　　　　　___字第　　　　号

摘要	借方		金额										✓	贷方		金额										✓
	科目	子细目	千	百	十	万	千	百	十	元	角	分		科目	子细目	千	百	十	万	千	百	十	元	角	分	
	合计													合计												

附单据　　张

会计主管　　　　记账　　　　复核　　　　出纳　　　　制单

记账凭证

年 月 日　　　　　　　　　　　　　　　　　　　　＿字第 号

摘要	借方		金额										√	贷方		金额										√
	科目	子细目	千	百	十	万	千	百	十	元	角	分		科目	子细目	千	百	十	万	千	百	十	元	角	分	
	合计													合计												

附单据　张

会计主管　　　记账　　　复核　　　出纳　　　制单

记账凭证

年 月 日　　　　　　　　　　　　　　　　　　　　＿字第 号

摘要	借方		金额										√	贷方		金额										√
	科目	子细目	千	百	十	万	千	百	十	元	角	分		科目	子细目	千	百	十	万	千	百	十	元	角	分	
	合计													合计												

附单据　张

会计主管　　　记账　　　复核　　　出纳　　　制单

记账凭证

年 月 日 ___字第 号

摘要	借方		金额										√	贷方		金额										√
	科目	子细目	千	百	十	万	千	百	十	元	角	分		科目	子细目	千	百	十	万	千	百	十	元	角	分	
	合计													合计												

附单据 张

会计主管 记账 复核 出纳 制单

记账凭证

年 月 日 ___字第 号

摘要	借方		金额										√	贷方		金额										√
	科目	子细目	千	百	十	万	千	百	十	元	角	分		科目	子细目	千	百	十	万	千	百	十	元	角	分	
	合计													合计												

附单据 张

会计主管 记账 复核 出纳 制单

记账凭证

年 月 日　　　　　　　　　　　　　　　　　　___字第　　　　号

摘要	借方		金额										√	贷方		金额										√
	科目	子细目	千	百	十	万	千	百	十	元	角	分		科目	子细目	千	百	十	万	千	百	十	元	角	分	
	合计													合计												

附单据　　张

会计主管　　　　记账　　　　复核　　　　出纳　　　　制单

记账凭证

年 月 日　　　　　　　　　　　　　　　　　　___字第　　　　号

摘要	借方		金额										√	贷方		金额										√
	科目	子细目	千	百	十	万	千	百	十	元	角	分		科目	子细目	千	百	十	万	千	百	十	元	角	分	
	合计													合计												

附单据　　张

会计主管　　　　记账　　　　复核　　　　出纳　　　　制单

记账凭证

年　月　日　　　　　　　　　　　　___字第　　　号

摘要	借方		金额										✓	贷方		金额										✓
	科目	子细目	千	百	十	万	千	百	十	元	角	分		科目	子细目	千	百	十	万	千	百	十	元	角	分	
	合计													合计												

附单据　　张

会计主管　　　记账　　　复核　　　出纳　　　制单

记账凭证

年　月　日　　　　　　　　　　　　___字第　　　号

摘要	借方		金额										✓	贷方		金额										✓
	科目	子细目	千	百	十	万	千	百	十	元	角	分		科目	子细目	千	百	十	万	千	百	十	元	角	分	
	合计													合计												

附单据　　张

会计主管　　　记账　　　复核　　　出纳　　　制单

记账凭证

年　月　日　　　　　　　　　　　　　　　　＿字第　　　号

摘要	借方		金额										√	贷方		金额										√
	科目	子细目	千	百	十	万	千	百	十	元	角	分		科目	子细目	千	百	十	万	千	百	十	元	角	分	
	合计													合计												

附单据　张

会计主管　　　记账　　　复核　　　出纳　　　制单

记账凭证

年　月　日　　　　　　　　　　　　　　　　＿字第　　　号

摘要	借方		金额										√	贷方		金额										√
	科目	子细目	千	百	十	万	千	百	十	元	角	分		科目	子细目	千	百	十	万	千	百	十	元	角	分	
	合计													合计												

附单据　张

会计主管　　　记账　　　复核　　　出纳　　　制单

二、三栏式总账

总分类账

第　　页

科目：

年		记账凭证		摘要	借方										✓	贷方										✓	借或贷	余额										✓
月	日	字	号		千	百	十	万	千	百	十	元	角	分		千	百	十	万	千	百	十	元	角	分			千	百	十	万	千	百	十	元	角	分	

总分类账

第　　页

科目：

年		记账凭证		摘要	借方										✓	贷方										✓	借或贷	余额										✓
月	日	字	号		千	百	十	万	千	百	十	元	角	分		千	百	十	万	千	百	十	元	角	分			千	百	十	万	千	百	十	元	角	分	

总分类账

第　　页

科目：

年		记账凭证		摘要	借方										✓	贷方										✓	借或贷	余额										✓
月	日	字	号		千	百	十	万	千	百	十	元	角	分		千	百	十	万	千	百	十	元	角	分			千	百	十	万	千	百	十	元	角	分	

总分类账

第　　页

科目：

年		记账凭证		摘要	借方										✓	贷方										✓	借或贷	余额										✓
月	日	字	号		千	百	十	万	千	百	十	元	角	分		千	百	十	万	千	百	十	元	角	分			千	百	十	万	千	百	十	元	角	分	

总分类账

第　　页

科目：

年		记账凭证		摘要	借方										✓	贷方										✓	借或贷	余额										✓
月	日	字	号		千	百	十	万	千	百	十	元	角	分		千	百	十	万	千	百	十	元	角	分			千	百	十	万	千	百	十	元	角	分	

总分类账

第　　页

科目：

年		记账凭证		摘要	借方										✓	贷方										✓	借或贷	余额										✓
月	日	字	号		千	百	十	万	千	百	十	元	角	分		千	百	十	万	千	百	十	元	角	分			千	百	十	万	千	百	十	元	角	分	

总 分 类 账

第　　页

科目：＿＿＿＿＿＿

年		记账凭证		摘要	借方										✓	贷方										✓	借或贷	余额										✓
月	日	字	号		千	百	十	万	千	百	十	元	角	分		千	百	十	万	千	百	十	元	角	分			千	百	十	万	千	百	十	元	角	分	

总 分 类 账

第　　页

科目：＿＿＿＿＿＿

年		记账凭证		摘要	借方										✓	贷方										✓	借或贷	余额										✓
月	日	字	号		千	百	十	万	千	百	十	元	角	分		千	百	十	万	千	百	十	元	角	分			千	百	十	万	千	百	十	元	角	分	

总 分 类 账

第　　页

科目：＿＿＿＿＿＿

年		记账凭证		摘要	借方										✓	贷方										✓	借或贷	余额										✓
月	日	字	号		千	百	十	万	千	百	十	元	角	分		千	百	十	万	千	百	十	元	角	分			千	百	十	万	千	百	十	元	角	分	

总分类账

第　　页

科目：________

年		记账凭证		摘要	借方										✓	贷方										✓	借或贷	余额										✓
月	日	字	号		千	百	十	万	千	百	十	元	角	分		千	百	十	万	千	百	十	元	角	分			千	百	十	万	千	百	十	元	角	分	

总分类账

第　　页

科目：________

年		记账凭证		摘要	借方										✓	贷方										✓	借或贷	余额										✓
月	日	字	号		千	百	十	万	千	百	十	元	角	分		千	百	十	万	千	百	十	元	角	分			千	百	十	万	千	百	十	元	角	分	

总分类账

第　　页

科目：________

年		记账凭证		摘要	借方										✓	贷方										✓	借或贷	余额										✓
月	日	字	号		千	百	十	万	千	百	十	元	角	分		千	百	十	万	千	百	十	元	角	分			千	百	十	万	千	百	十	元	角	分	

总分类账

第　　页

科目：

年		记账凭证		摘要	借方										✓	贷方										✓	借或贷	余额										✓
月	日	字	号		千	百	十	万	千	百	十	元	角	分		千	百	十	万	千	百	十	元	角	分			千	百	十	万	千	百	十	元	角	分	

总分类账

第　　页

科目：

年		记账凭证		摘要	借方										✓	贷方										✓	借或贷	余额										✓
月	日	字	号		千	百	十	万	千	百	十	元	角	分		千	百	十	万	千	百	十	元	角	分			千	百	十	万	千	百	十	元	角	分	

总分类账

第　　页

科目：

年		记账凭证		摘要	借方										✓	贷方										✓	借或贷	余额										✓
月	日	字	号		千	百	十	万	千	百	十	元	角	分		千	百	十	万	千	百	十	元	角	分			千	百	十	万	千	百	十	元	角	分	

总分类账

第　　页

科目：________

年		记账凭证		摘要	借方										✓	贷方										✓	借或贷	余额										✓
月	日	字	号		千	百	十	万	千	百	十	元	角	分		千	百	十	万	千	百	十	元	角	分			千	百	十	万	千	百	十	元	角	分	

总分类账

第　　页

科目：________

年		记账凭证		摘要	借方										✓	贷方										✓	借或贷	余额										✓
月	日	字	号		千	百	十	万	千	百	十	元	角	分		千	百	十	万	千	百	十	元	角	分			千	百	十	万	千	百	十	元	角	分	

总分类账

第　　页

科目：________

年		记账凭证		摘要	借方										✓	贷方										✓	借或贷	余额										✓
月	日	字	号		千	百	十	万	千	百	十	元	角	分		千	百	十	万	千	百	十	元	角	分			千	百	十	万	千	百	十	元	角	分	

总分类账

第　　页

科目：

年		记账凭证		摘要	借方										✓	贷方										✓	借或贷	余额										✓
月	日	字	号		千	百	十	万	千	百	十	元	角	分		千	百	十	万	千	百	十	元	角	分			千	百	十	万	千	百	十	元	角	分	

总分类账

第　　页

科目：

年		记账凭证		摘要	借方										✓	贷方										✓	借或贷	余额										✓
月	日	字	号		千	百	十	万	千	百	十	元	角	分		千	百	十	万	千	百	十	元	角	分			千	百	十	万	千	百	十	元	角	分	

总分类账

第　　页

科目：

年		记账凭证		摘要	借方										✓	贷方										✓	借或贷	余额										✓
月	日	字	号		千	百	十	万	千	百	十	元	角	分		千	百	十	万	千	百	十	元	角	分			千	百	十	万	千	百	十	元	角	分	

总分类账

第　　页

科目：＿＿＿＿＿＿

年		记账凭证		摘要	借方										✓	贷方										✓	借或贷	余额										✓
月	日	字	号		千	百	十	万	千	百	十	元	角	分		千	百	十	万	千	百	十	元	角	分			千	百	十	万	千	百	十	元	角	分	

总分类账

第　　页

科目：＿＿＿＿＿＿

年		记账凭证		摘要	借方										✓	贷方										✓	借或贷	余额										✓
月	日	字	号		千	百	十	万	千	百	十	元	角	分		千	百	十	万	千	百	十	元	角	分			千	百	十	万	千	百	十	元	角	分	

总分类账

第　　页

科目：＿＿＿＿＿＿

年		记账凭证		摘要	借方										✓	贷方										✓	借或贷	余额										✓
月	日	字	号		千	百	十	万	千	百	十	元	角	分		千	百	十	万	千	百	十	元	角	分			千	百	十	万	千	百	十	元	角	分	

总分类账

第　　页

科目：________

年		记账凭证		摘要	借方										✓	贷方										✓	借或贷	余额										✓
月	日	字	号		千	百	十	万	千	百	十	元	角	分		千	百	十	万	千	百	十	元	角	分			千	百	十	万	千	百	十	元	角	分	

总分类账

第　　页

科目：________

年		记账凭证		摘要	借方										✓	贷方										✓	借或贷	余额										✓
月	日	字	号		千	百	十	万	千	百	十	元	角	分		千	百	十	万	千	百	十	元	角	分			千	百	十	万	千	百	十	元	角	分	

总分类账

第　　页

科目：________

年		记账凭证		摘要	借方										✓	贷方										✓	借或贷	余额										✓
月	日	字	号		千	百	十	万	千	百	十	元	角	分		千	百	十	万	千	百	十	元	角	分			千	百	十	万	千	百	十	元	角	分	

总分类账

第　　页

科目：

年		记账凭证		摘要	借方										✓	贷方										✓	借或贷	余额										✓
月	日	字	号		千	百	十	万	千	百	十	元	角	分		千	百	十	万	千	百	十	元	角	分			千	百	十	万	千	百	十	元	角	分	

总分类账

第　　页

科目：

年		记账凭证		摘要	借方										✓	贷方										✓	借或贷	余额										✓
月	日	字	号		千	百	十	万	千	百	十	元	角	分		千	百	十	万	千	百	十	元	角	分			千	百	十	万	千	百	十	元	角	分	

总分类账

第　　页

科目：

年		记账凭证		摘要	借方										✓	贷方										✓	借或贷	余额										✓
月	日	字	号		千	百	十	万	千	百	十	元	角	分		千	百	十	万	千	百	十	元	角	分			千	百	十	万	千	百	十	元	角	分	

总 分 类 账

第　　　页

科目：＿＿＿＿＿＿

年		记账凭证		摘要	借方										✓	贷方										✓	借或贷	余额										✓
月	日	字	号		千	百	十	万	千	百	十	元	角	分		千	百	十	万	千	百	十	元	角	分			千	百	十	万	千	百	十	元	角	分	

总 分 类 账

第　　　页

科目：＿＿＿＿＿＿

年		记账凭证		摘要	借方										✓	贷方										✓	借或贷	余额										✓
月	日	字	号		千	百	十	万	千	百	十	元	角	分		千	百	十	万	千	百	十	元	角	分			千	百	十	万	千	百	十	元	角	分	

总 分 类 账

第　　　页

科目：＿＿＿＿＿＿

年		记账凭证		摘要	借方										✓	贷方										✓	借或贷	余额										✓
月	日	字	号		千	百	十	万	千	百	十	元	角	分		千	百	十	万	千	百	十	元	角	分			千	百	十	万	千	百	十	元	角	分	

总分类账

第　　页

科目：________

年		记账凭证		摘要	借方									✓	贷方									✓	借或贷	余额									✓
月	日	字	号		千	百	十	万	千	百	十	元	角	分		千	百	十	万	千	百	十	元	角	分			千	百	十	万	千	百	十	元	角	分	

总分类账

第　　页

科目：________

年		记账凭证		摘要	借方									✓	贷方									✓	借或贷	余额									✓
月	日	字	号		千	百	十	万	千	百	十	元	角	分		千	百	十	万	千	百	十	元	角	分			千	百	十	万	千	百	十	元	角	分	

总分类账

第　　页

科目：________

年		记账凭证		摘要	借方									✓	贷方									✓	借或贷	余额									✓
月	日	字	号		千	百	十	万	千	百	十	元	角	分		千	百	十	万	千	百	十	元	角	分			千	百	十	万	千	百	十	元	角	分	

三、现金日记账（2 页，双面印）

本帐页次	
本户页次	

现金日记账

200 年		凭证		科目	摘要	借方										√	贷方										√	借或贷	余额										√
月	日	字	号			亿	千	百	十	万	千	百	十	元	角	分		亿	千	百	十	万	千	百	十	元	角	分			亿	千	百	十	万	千	百	十	元	角	分	

本帐页次	
本户页次	

现金日记账

200 年		凭证		科目	摘要	借方											√	贷方											√	借或贷	余额											√
月	日	字	号			亿	千	百	十	万	千	百	十	元	角	分		亿	千	百	十	万	千	百	十	元	角	分			亿	千	百	十	万	千	百	十	元	角	分	

四、银行存款日记账（4页，双面印）

银行存款日记账

——级科目——————

——级科目——————

分页＿＿＿＿ 总页＿＿＿＿

年				对方科目	摘要	支票		借（收）方											贷（付）方											✓	余额											✓
月	日	字	号			种类	号数	亿	千	百	十	万	千	百	十	元	角	分	亿	千	百	十	万	千	百	十	元	角	分		亿	千	百	十	万	千	百	十	元	角	分	

银行存款日记帐

——级科目——————

——级科目——————

分页________ 总页________

年				对方科目	摘要	支票		借（收）方											贷（付）方											✓	余额											✓
月	日	字	号			种类	号数	亿	千	百	十	万	千	百	十	元	角	分	亿	千	百	十	万	千	百	十	元	角	分		亿	千	百	十	万	千	百	十	元	角	分	

银行存款日记帐

——级科目——————

——级科目——————

分页＿＿＿＿ 总页＿＿＿＿

年				对方科目	摘要	支票		借（收）方	贷（付）方	✓	余额	✓
月	日	字	号			种类	号数	亿千百十万千百十元角分	亿千百十万千百十元角分		亿千百十万千百十元角分	

银行存款日记帐

——级科目——————

——级科目——————

分页＿＿＿＿ 总页＿＿＿＿

年				对方科目	摘要	支票		借（收）方											贷（付）方											✓	余额											✓
月	日	字	号			种类	号数	亿	千	百	十	万	千	百	十	元	角	分	亿	千	百	十	万	千	百	十	元	角	分		亿	千	百	十	万	千	百	十	元	角	分	

五、三栏式明细账(46 张,每页 2 张,双面印)

明 细 账

总账户名：　　　　　　　　　　　　　　　　明细账户：

200 年		记账凭证		摘要	借方										✓	贷方										✓	借或贷	余额										✓
月	日	字	号		千	百	十	万	千	百	十	元	角	分		千	百	十	万	千	百	十	元	角	分			千	百	十	万	千	百	十	元	角	分	

明 细 账

总账户名：　　　　　　　　　　　　　　　　明细账户：

200 年		记账凭证		摘要	借方										✓	贷方										✓	借或贷	余额										✓
月	日	字	号		千	百	十	万	千	百	十	元	角	分		千	百	十	万	千	百	十	元	角	分			千	百	十	万	千	百	十	元	角	分	

明细账

总账户名： 明细账户：

200 年		记账凭证		摘要	借方										√	贷方										√	借或贷	余额										√
月	日	字	号		千	百	十	万	千	百	十	元	角	分		千	百	十	万	千	百	十	元	角	分			千	百	十	万	千	百	十	元	角	分	

明细账

总账户名： 明细账户：

200 年		记账凭证		摘要	借方										√	贷方										√	借或贷	余额										√
月	日	字	号		千	百	十	万	千	百	十	元	角	分		千	百	十	万	千	百	十	元	角	分			千	百	十	万	千	百	十	元	角	分	

明细账

总账户名： 明细账户：

200 年		记账凭证		摘要	借方									√	贷方									√	借或贷	余额									√
月	日	字	号		千	百	十	万	千	百	十	元	角	分		千	百	十	万	千	百	十	元	角	分			千	百	十	万	千	百	十	元	角	分	

明细账

总账户名： 明细账户：

200 年		记账凭证		摘要	借方									√	贷方									√	借或贷	余额									√
月	日	字	号		千	百	十	万	千	百	十	元	角	分		千	百	十	万	千	百	十	元	角	分			千	百	十	万	千	百	十	元	角	分	

明细账

总账户名： 明细账户：

200 年		记账凭证		摘要	借方										√	贷方										√	借或贷	余额										√
月	日	字	号		千	百	十	万	千	百	十	元	角	分		千	百	十	万	千	百	十	元	角	分			千	百	十	万	千	百	十	元	角	分	

明细账

总账户名： 明细账户：

200 年		记账凭证		摘要	借方										√	贷方										√	借或贷	余额										√
月	日	字	号		千	百	十	万	千	百	十	元	角	分		千	百	十	万	千	百	十	元	角	分			千	百	十	万	千	百	十	元	角	分	

明细账

总账户名：　　　　　　　　　　　　　　　　　明细账户：

200 年		记账凭证		摘要	借方										√	贷方										√	借或贷	余额										√
月	日	字	号		千	百	十	万	千	百	十	元	角	分		千	百	十	万	千	百	十	元	角	分			千	百	十	万	千	百	十	元	角	分	

明细账

总账户名：　　　　　　　　　　　　　　　　　明细账户：

200 年		记账凭证		摘要	借方										√	贷方										√	借或贷	余额										√
月	日	字	号		千	百	十	万	千	百	十	元	角	分		千	百	十	万	千	百	十	元	角	分			千	百	十	万	千	百	十	元	角	分	

明细账

总账户名：　　　　　　　　　　　　　　　　明细账户：

200 年		记账凭证		摘要	借方										√	贷方										√	借或贷	余额										√
月	日	字	号		千	百	十	万	千	百	十	元	角	分		千	百	十	万	千	百	十	元	角	分			千	百	十	万	千	百	十	元	角	分	

明细账

总账户名：　　　　　　　　　　　　　　　　明细账户：

200 年		记账凭证		摘要	借方										√	贷方										√	借或贷	余额										√
月	日	字	号		千	百	十	万	千	百	十	元	角	分		千	百	十	万	千	百	十	元	角	分			千	百	十	万	千	百	十	元	角	分	

明细账

总账户名： 明细账户：

200 年		记账凭证		摘要	借方										√	贷方										√	借或贷	余额										√
月	日	字	号		千	百	十	万	千	百	十	元	角	分		千	百	十	万	千	百	十	元	角	分			千	百	十	万	千	百	十	元	角	分	

明细账

总账户名： 明细账户：

200 年		记账凭证		摘要	借方										√	贷方										√	借或贷	余额										√
月	日	字	号		千	百	十	万	千	百	十	元	角	分		千	百	十	万	千	百	十	元	角	分			千	百	十	万	千	百	十	元	角	分	

明细账

总账户名： 明细账户：

200 年		记账凭证		摘要	借方										√	贷方										√	借或贷	余额										√
月	日	字	号		千	百	十	万	千	百	十	元	角	分		千	百	十	万	千	百	十	元	角	分			千	百	十	万	千	百	十	元	角	分	

明细账

总账户名： 明细账户：

200 年		记账凭证		摘要	借方										√	贷方										√	借或贷	余额										√
月	日	字	号		千	百	十	万	千	百	十	元	角	分		千	百	十	万	千	百	十	元	角	分			千	百	十	万	千	百	十	元	角	分	

明细账

总账户名：　　　　　　　　　　　　　　　　　　　　明细账户：

200 年		记账凭证		摘要	借方										√	贷方										√	借或贷	余额										√
月	日	字	号		千	百	十	万	千	百	十	元	角	分		千	百	十	万	千	百	十	元	角	分			千	百	十	万	千	百	十	元	角	分	

明细账

总账户名：　　　　　　　　　　　　　　　　　　　　明细账户：

200 年		记账凭证		摘要	借方										√	贷方										√	借或贷	余额										√
月	日	字	号		千	百	十	万	千	百	十	元	角	分		千	百	十	万	千	百	十	元	角	分			千	百	十	万	千	百	十	元	角	分	

明细账

总账户名： 明细账户：

200 年		记账凭证		摘要	借方										√	贷方										√	借或贷	余额										√
月	日	字	号		千	百	十	万	千	百	十	元	角	分		千	百	十	万	千	百	十	元	角	分			千	百	十	万	千	百	十	元	角	分	

明细账

总账户名： 明细账户：

200 年		记账凭证		摘要	借方										√	贷方										√	借或贷	余额										√
月	日	字	号		千	百	十	万	千	百	十	元	角	分		千	百	十	万	千	百	十	元	角	分			千	百	十	万	千	百	十	元	角	分	

明细账

总账户名：　　　　　　　　　　　　　　　　明细账户：

200 年		记账凭证		摘要	借方										√	贷方										√	借或贷	余额										√
月	日	字	号		千	百	十	万	千	百	十	元	角	分		千	百	十	万	千	百	十	元	角	分			千	百	十	万	千	百	十	元	角	分	

明细账

总账户名：　　　　　　　　　　　　　　　　明细账户：

200 年		记账凭证		摘要	借方										√	贷方										√	借或贷	余额										√
月	日	字	号		千	百	十	万	千	百	十	元	角	分		千	百	十	万	千	百	十	元	角	分			千	百	十	万	千	百	十	元	角	分	

明细账

总账户名：　　　　　　　　　　　　明细账户：

200 年		记账凭证		摘要	借方										√	贷方										√	借或贷	余额										√
月	日	字	号		千	百	十	万	千	百	十	元	角	分		千	百	十	万	千	百	十	元	角	分			千	百	十	万	千	百	十	元	角	分	

明细账

总账户名：　　　　　　　　　　　　明细账户：

200 年		记账凭证		摘要	借方										√	贷方										√	借或贷	余额										√
月	日	字	号		千	百	十	万	千	百	十	元	角	分		千	百	十	万	千	百	十	元	角	分			千	百	十	万	千	百	十	元	角	分	

明细账

总账户名：　　　　　　　　　　明细账户：

200 年		记账凭证		摘要	借方										√	贷方										√	借或贷	余额										√
月	日	字	号		千	百	十	万	千	百	十	元	角	分		千	百	十	万	千	百	十	元	角	分			千	百	十	万	千	百	十	元	角	分	

明细账

总账户名：　　　　　　　　　　明细账户：

200 年		记账凭证		摘要	借方										√	贷方										√	借或贷	余额										√
月	日	字	号		千	百	十	万	千	百	十	元	角	分		千	百	十	万	千	百	十	元	角	分			千	百	十	万	千	百	十	元	角	分	

明细账

总账户名：　　　　　　　　　　　　　　　　　　　明细账户：

200 年		记账凭证		摘要	借方										√	贷方										√	借或贷	余额										√
月	日	字	号		千	百	十	万	千	百	十	元	角	分		千	百	十	万	千	百	十	元	角	分			千	百	十	万	千	百	十	元	角	分	

明细账

总账户名：　　　　　　　　　　　　　　　　　　　明细账户：

200 年		记账凭证		摘要	借方										√	贷方										√	借或贷	余额										√
月	日	字	号		千	百	十	万	千	百	十	元	角	分		千	百	十	万	千	百	十	元	角	分			千	百	十	万	千	百	十	元	角	分	

明细账

总账户名：　　　　　　　　　　　　　　　明细账户：

200 年		记账凭证		摘要	借方										√	贷方										√	借或贷	余额										√
月	日	字	号		千	百	十	万	千	百	十	元	角	分		千	百	十	万	千	百	十	元	角	分			千	百	十	万	千	百	十	元	角	分	

明细账

总账户名：　　　　　　　　　　　　　　　明细账户：

200 年		记账凭证		摘要	借方										√	贷方										√	借或贷	余额										√
月	日	字	号		千	百	十	万	千	百	十	元	角	分		千	百	十	万	千	百	十	元	角	分			千	百	十	万	千	百	十	元	角	分	

明细账

总账户名：　　　　　　　　　　　　　　　　明细账户：

200 年		记账凭证		摘要	借方									√	贷方									√	借或贷	余额									√
月	日	字	号		千	百	十	万	千	百	十	元	角	分		千	百	十	万	千	百	十	元	角	分			千	百	十	万	千	百	十	元	角	分	

明细账

总账户名：　　　　　　　　　　　　　　　　明细账户：

200 年		记账凭证		摘要	借方									√	贷方									√	借或贷	余额									√
月	日	字	号		千	百	十	万	千	百	十	元	角	分		千	百	十	万	千	百	十	元	角	分			千	百	十	万	千	百	十	元	角	分	

明细账

总账户名：　　　　　　　　　　　　　　　　明细账户：

200 年		记账凭证		摘要	借方										√	贷方										√	借或贷	余额										√
月	日	字	号		千	百	十	万	千	百	十	元	角	分		千	百	十	万	千	百	十	元	角	分			千	百	十	万	千	百	十	元	角	分	

明细账

总账户名：　　　　　　　　　　　　　　　　明细账户：

200 年		记账凭证		摘要	借方										√	贷方										√	借或贷	余额										√
月	日	字	号		千	百	十	万	千	百	十	元	角	分		千	百	十	万	千	百	十	元	角	分			千	百	十	万	千	百	十	元	角	分	

明细账

总账户名： 明细账户：

200 年		记账凭证		摘要	借方										√	贷方										√	借或贷	余额										√
月	日	字	号		千	百	十	万	千	百	十	元	角	分		千	百	十	万	千	百	十	元	角	分			千	百	十	万	千	百	十	元	角	分	

明细账

总账户名： 明细账户：

200 年		记账凭证		摘要	借方										√	贷方										√	借或贷	余额										√
月	日	字	号		千	百	十	万	千	百	十	元	角	分		千	百	十	万	千	百	十	元	角	分			千	百	十	万	千	百	十	元	角	分	

明细账

总账户名： 明细账户：

200 年		记账凭证		摘要	借方										√	贷方										√	借或贷	余额										√
月	日	字	号		千	百	十	万	千	百	十	元	角	分		千	百	十	万	千	百	十	元	角	分			千	百	十	万	千	百	十	元	角	分	

明细账

总账户名： 明细账户：

200 年		记账凭证		摘要	借方										√	贷方										√	借或贷	余额										√
月	日	字	号		千	百	十	万	千	百	十	元	角	分		千	百	十	万	千	百	十	元	角	分			千	百	十	万	千	百	十	元	角	分	

明细账

总账户名：　　　　　　　　　　　　　　　　　明细账户：

200 年		记账凭证		摘要	借方										√	贷方										√	借或贷	余额										√
月	日	字	号		千	百	十	万	千	百	十	元	角	分		千	百	十	万	千	百	十	元	角	分			千	百	十	万	千	百	十	元	角	分	

明细账

总账户名：　　　　　　　　　　　　　　　　　明细账户：

200 年		记账凭证		摘要	借方										√	贷方										√	借或贷	余额										√
月	日	字	号		千	百	十	万	千	百	十	元	角	分		千	百	十	万	千	百	十	元	角	分			千	百	十	万	千	百	十	元	角	分	

明细账

总账户名： 明细账户：

200 年		记账凭证		摘要	借方										√	贷方										√	借或贷	余额										√
月	日	字	号		千	百	十	万	千	百	十	元	角	分		千	百	十	万	千	百	十	元	角	分			千	百	十	万	千	百	十	元	角	分	

明细账

总账户名： 明细账户：

200 年		记账凭证		摘要	借方										√	贷方										√	借或贷	余额										√
月	日	字	号		千	百	十	万	千	百	十	元	角	分		千	百	十	万	千	百	十	元	角	分			千	百	十	万	千	百	十	元	角	分	

明细账

总账户名：　　　　　　　　　　　　　　　　　　明细账户：

200 年		记账凭证		摘要	借方									√	贷方									√	借或贷	余额									√
月	日	字	号		千	百	十	万	千	百	十	元	角	分		千	百	十	万	千	百	十	元	角	分			千	百	十	万	千	百	十	元	角	分	

明细账

总账户名：　　　　　　　　　　　　　　　　　　明细账户：

200 年		记账凭证		摘要	借方									√	贷方									√	借或贷	余额									√
月	日	字	号		千	百	十	万	千	百	十	元	角	分		千	百	十	万	千	百	十	元	角	分			千	百	十	万	千	百	十	元	角	分	

明细账

总账户名：　　　　　　　　　　　　　　　　明细账户：

200 年		记账凭证		摘要	借方										√	贷方										√	借或贷	余额										√
月	日	字	号		千	百	十	万	千	百	十	元	角	分		千	百	十	万	千	百	十	元	角	分			千	百	十	万	千	百	十	元	角	分	

明细账

总账户名：　　　　　　　　　　　　　　　　明细账户：

200 年		记账凭证		摘要	借方										√	贷方										√	借或贷	余额										√
月	日	字	号		千	百	十	万	千	百	十	元	角	分		千	百	十	万	千	百	十	元	角	分			千	百	十	万	千	百	十	元	角	分	

六、材料采购明细账（4张，每页2张，双面印）

在途物资明细账

材料名称：________ 规格：________ 计量单位：________ 第 页

年		记账凭证		供货单位	发票编号	采购数量	借方金额																								✓	年		记账凭证		收料单		贷方金额									✓
							发票价格									采购费用						合计														编号	数量										
月	日	字	号				百	十	万	千	百	十	元	角	分	万	千	百	十	元	角	分	百	十	万	千	百	十	元	角	分		月	日	字	号			百	十	万	千	百	十	元	角	分	

在途物资明细账

材料名称：________ 规格：________ 计量单位：________ 第 页

年		记账凭证		供货单位	发票编号	采购数量	借方金额																								✓	年		记账凭证		收料单		贷方金额									✓
							发票价格									采购费用						合计														编号	数量										
月	日	字	号				百	十	万	千	百	十	元	角	分	万	千	百	十	元	角	分	百	十	万	千	百	十	元	角	分		月	日	字	号			百	十	万	千	百	十	元	角	分	

在途物资明细账

材料名称：＿＿＿＿＿＿　规格：＿＿＿＿＿＿　计量单位：＿＿＿＿＿＿　第　　页

年		记账凭证		供货单位	发票编号	采购数量	借方金额																									✓	年		记账凭证		收料单		贷方金额									✓
							发票价格									采购费用							合计																									
月	日	字	号				百	十	万	千	百	十	元	角	分	万	千	百	十	元	角	分	百	十	万	千	百	十	元	角	分		月	日	字	号	编号	数量	百	十	万	千	百	十	元	角	分	

在途物资明细账

材料名称：＿＿＿＿＿＿　规格：＿＿＿＿＿＿　计量单位：＿＿＿＿＿＿　第　　页

年		记账凭证		供货单位	发票编号	采购数量	借方金额																									✓	年		记账凭证		收料单		贷方金额									✓
							发票价格									采购费用							合计																									
月	日	字	号				百	十	万	千	百	十	元	角	分	万	千	百	十	元	角	分	百	十	万	千	百	十	元	角	分		月	日	字	号	编号	数量	百	十	万	千	百	十	元	角	分	

七、原材料明细账（4 张，每页 2 张，双面印）

原材料明细账

材料名称：　　　　　　　　规格：　　　　　　　　计量单位：　　　　第　　页

200 年		记账凭证		摘要	收入											发出											结存										
月	日	字	号		数量	单价	金额									数量	单价	金额									数量	单价	金额								
							百	十	万	千	百	十	元	角	分			百	十	万	千	百	十	元	角	分			百	十	万	千	百	十	元	角	分

原材料明细账

材料名称：　　　　　　　　规格：　　　　　　　　计量单位：　　　　第　　页

200 年		记账凭证		摘要	收入											发出											结存										
月	日	字	号		数量	单价	金额									数量	单价	金额									数量	单价	金额								
							百	十	万	千	百	十	元	角	分			百	十	万	千	百	十	元	角	分			百	十	万	千	百	十	元	角	分

原材料明细账

材料名称：　　　　规格：　　　　计量单位：　　　　第　　页

200 年		记账凭证		摘要	收入											发出											结存										
月	日	字	号		数量	单价	金额									数量	单价	金额									数量	单价	金额								
							百	十	万	千	百	十	元	角	分			百	十	万	千	百	十	元	角	分			百	十	万	千	百	十	元	角	分

原材料明细账

材料名称：　　　　规格：　　　　计量单位：　　　　第　　页

200 年		记账凭证		摘要	收入											发出											结存										
月	日	字	号		数量	单价	金额									数量	单价	金额									数量	单价	金额								
							百	十	万	千	百	十	元	角	分			百	十	万	千	百	十	元	角	分			百	十	万	千	百	十	元	角	分

八、包装物明细账（2 张，每页 2 张，双面印）

包 装 物 明 细 账

材料名称：　　　　规格：　　　　计量单位：　　　　第　　页

200 年		记账凭证		摘　要	收入											发出											结存										
							金额											金额										金额								
月	日	字	号		数量	单价	百	十	万	千	百	十	元	角	分	数量	单价	百	十	万	千	百	十	元	角	分	数量	单价	百	十	万	千	百	十	元	角	分

包 装 物 明 细 账

材料名称：　　　　规格：　　　　计量单位：　　　　第　　页

200 年		记账凭证		摘　要	收入											发出											结存										
							金额											金额										金额								
月	日	字	号		数量	单价	百	十	万	千	百	十	元	角	分	数量	单价	百	十	万	千	百	十	元	角	分	数量	单价	百	十	万	千	百	十	元	角	分

九、产成品明细账（4 张，每页 2 张，双面印）

库 存 商 品 明 细 账

产品名称：　　　　规格：　　　　计量单位：　　　　第　　页

200 年		记账凭证		摘　要	收入											发出											结存										
月	日	字	号		数量	单价	金额									数量	单价	金额									数量	单价	金额								
							百	十	万	千	百	十	元	角	分			百	十	万	千	百	十	元	角	分			百	十	万	千	百	十	元	角	分

库 存 商 品 明 细 账

产品名称：　　　　规格：　　　　计量单位：　　　　第　　页

200 年		记账凭证		摘　要	收入											发出											结存										
月	日	字	号		数量	单价	金额									数量	单价	金额									数量	单价	金额								
							百	十	万	千	百	十	元	角	分			百	十	万	千	百	十	元	角	分			百	十	万	千	百	十	元	角	分

库存商品明细账

产品名称：　　　　规格：　　　　计量单位：　　　　第　　页

200 年		记账凭证		摘要	收入											发出											结存										
月	日	字	号		数量	单价	金额									数量	单价	金额									数量	单价	金额								
							百	十	万	千	百	十	元	角	分			百	十	万	千	百	十	元	角	分			百	十	万	千	百	十	元	角	分

库存商品明细账

产品名称：　　　　规格：　　　　计量单位：　　　　第　　页

200 年		记账凭证		摘要	收入											发出											结存										
月	日	字	号		数量	单价	金额									数量	单价	金额									数量	单价	金额								
							百	十	万	千	百	十	元	角	分			百	十	万	千	百	十	元	角	分			百	十	万	千	百	十	元	角	分

十、制造费用明细账（2 张，每页 1 张，双面印）

制造费用明细账

第　　页

年		记账凭证		摘要	合计									✓
月	日	字	号		金额	金额	金额	金额	金额	金额	金额	金额	金额	
					千百十万千百十元角分	百十万千百十元角分	百十万千百十元角分	百十万千百十元角分	百十万千百十元角分	百十万千百十元角分	百十万千百十元角分	百十万千百十元角分	百十万千百十元角分	

制造费用明细账

第　　页

年		记账凭证		摘要	合计									✓
月	日	字	号		金额	金额	金额	金额	金额	金额	金额	金额	金额	

十一、基本生产成本明细账（4 张，每页 1 张，双面印）

生产成本——基本生产成本明细账

第　　页

产品名称：________　规格：________　计量单位：________　投产：________　完工：________

年		记账凭证		摘要	原材料	工资及福利费	制造费用		合计	✓
月	日	字	号		千百十万千百十元角分	千百十万千百十元角分	千百十万千百十元角分	千百十万千百十元角分	千百十万千百十元角分	

生产成本——基本生产成本明细账

第　　页

产品名称：＿＿＿＿　规格：＿＿＿＿　计量单位：＿＿＿＿　投产：＿＿＿＿　完工：＿＿＿＿

年		记账凭证		摘　要	原　材　料										工资及福利费										制　造　费　用																				合　计										✓
月	日	字	号		千	百	十	万	千	百	十	元	角	分	千	百	十	万	千	百	十	元	角	分	千	百	十	万	千	百	十	元	角	分	千	百	十	万	千	百	十	元	角	分	千	百	十	万	千	百	十	元	角	分	

生产成本——基本生产成本明细账

第　　页

产品名称：______　规格：______　计量单位：______　投产：______　完工：______

年		记账凭证		摘要	原材料										工资及福利费										制造费用																				合计										✓
月	日	字	号		千	百	十	万	千	百	十	元	角	分	千	百	十	万	千	百	十	元	角	分	千	百	十	万	千	百	十	元	角	分	千	百	十	万	千	百	十	元	角	分	千	百	十	万	千	百	十	元	角	分	

生产成本——基本生产成本明细账

第　　页

产品名称：＿＿＿＿　规格：＿＿＿＿　计量单位：＿＿＿＿　投产：＿＿＿＿　完工：＿＿＿＿

年		记账凭证		摘要	原材料										工资及福利费										制造费用																				合计										✓
月	日	字	号		千	百	十	万	千	百	十	元	角	分	千	百	十	万	千	百	十	元	角	分	千	百	十	万	千	百	十	元	角	分	千	百	十	万	千	百	十	元	角	分	千	百	十	万	千	百	十	元	角	分	

十二、管理费用明细账（2张，每页1张，双面印）

管理费用明细账

第　　页

年		记账凭证		摘要	合计										
月	日	字	号		金额	金额	金额	金额	金额	金额	金额	金额	金额	金额	✓
					百十万千百十元角分	十万千百十元角分	十万千百十元角分	十万千百十元角分	十万千百十元角分	十万千百十元角分	十万千百十元角分	十万千百十元角分	十万千百十元角分	十万千百十元角分	

管理费用明细账

第　　页

年		记账凭证		摘要	合计									✓
月	日	字	号		金额	金额	金额	金额	金额	金额	金额	金额	金额	
					百十万千百十元角分	十万千百十元角分	十万千百十元角分	十万千百十元角分	十万千百十元角分	十万千百十元角分	十万千百十元角分	十万千百十元角分	十万千百十元角分	

十三、应交增值税明细账（2张，每页1张，双面印）

应交税费——应交增值税明细账

第　　页

年		记账凭证		摘要	借方			贷方				借或贷	余额	✓
月	日	字	号		进项税额	已交税金		销项税额	出口退税	进项税额转出				
					百十万千百十元角分	百十万千百十元角分	百十万千百十元角分	百十万千百十元角分	百十万千百十元角分	百十万千百十元角分	百十万千百十元角分		百十万千百十元角分	

应交税费——应交增值税明细账

第　　页

年		记账凭证		摘要	借方			贷方				借或贷	余额	✓
月	日	字	号		进项税额	已交税金		销项税额	出口退税	进项税额转出				
					百十万千百十元角分	百十万千百十元角分	百十万千百十元角分	百十万千百十元角分	百十万千百十元角分	百十万千百十元角分	百十万千百十元角分		百十万千百十元角分	

十四、科目汇总表

科目汇总表

年 月 日

会计科目	总账页数	本期发生额	
		借 方	贷 方
合计			

科目汇总表

年　月　日

会计科目	总账页数	本期发生额	
		借　方	贷　方
合计			

科 目 汇 总 表

年 月 日

会计科目	总账页数	本期发生额	
		借 方	贷 方
合计			

十五、试算平衡表

试 算 平 衡 表

年 月 日

会计科目	期初余额		本期发生额		期末余额	
	借方	贷方	借方	贷方	借方	贷方
						0
合计						

试算平衡表

年　月　日

会计科目	期初余额		本期发生额		期末余额	
	借方	贷方	借方	贷方	借方	贷方
						0
合计						

十六、会计报表

资产负债表

会企01表

编制单位：　　　　　　　　　年　　月　　日　　　　　　　　　　单位:元

资　　产	期末余额	年初余额	负债和所有者权益(或股东权益)	其末余额	年初余额
流动资产：			流动负债：		
货币资金			短期借款		
交易性金融资产			交易性金融负债		
应收票据			应付票据		
应收帐款			应付帐款		
预付款项			预收款项		
应收利息			应付职工薪酬		
应收股利			应交税费		
其他应收款			应付利息		
存货			应付股利		
一年内到期的非流动资产			其他应付款		
其他流动资产			一年内到期的非流动负债		
流动资产合计			其他流动负债		
非流动资产：			流动负债合计		
可供出售金融资产			非流动负债：		
持有至到期投资			长期借款		
长期应收款			应付债券		
长期投权投资			长期应付款		
投资性房地产			专项应付款		
固定资产			预计负债		
在建工程			递延所得税负债		
工程物资			其他非流动负债		
固定资产清理			非流动负债合计		
生产性生物资产			负债合计		
油气资产			所有者权益(或股东权益)：		
无形资产			实收资本(或股本)		
开发支出			资本公积		
商誉			减:库存股		
长期待摊费用			盈余公积		
递延所得税资产			未分配利润		
其他非流动资产			所有者权益(或股东权益)合计		
非流动资产合计					
资产总计			负债和所有者权益(或股东权益)总计		

利 润 表

会企02表

编制单位：　　　　　　年　　月　　　　　　单位：元

项　目	本期金额	上期金额
一、营业收入		
减：营业成本		
营业税金及附加		
销售费用		
管理费用		
财务费用		
资产减值损失		
加：公允价值变动收益(损失以"－"号填列)		
投资收益(损失以"－"号填列)		
其中：对联营企业和合营企业的投资收益		
二、营业利润(亏损以"－"号填列)		
加：营业外收入		
减：营业外支出		
其中：非流动资产处置损失		
三、利润总额(亏损总额以"－"号填列)		
减：所得税费用		
四、净利润(净亏损以"－"号填列)		
五、每股收益		
(一)基本每股收益		
(二)稀释每股收益		